自治体議会政策学会叢書

# 自治を拓く市民討議会
―広がる参画・事例と方法―

**篠藤 明徳**
（別府大学教授）

**吉田 純夫**
（市民討議会推進ネットワーク 代表）

**小針 憲一**
（市民討議会推進ネットワーク 事務局長）

イマジン出版

# 目次

はじめに　　　　　　　　　　　　　　　　　　　　　（篠藤明徳）

## 第1章　市民討議会の現状　　　　　　　　　　　　　（吉田純夫）

　1、地方に広がる市民討議会 ……………………………………… 8
　2、三鷹市での展開 …………………………………………………15
　3、行政からの声 ……………………………………………………21
　4、全国の開催状況 …………………………………………………23

## 第2章　住民自治を拓く市民討議会　　　　　　　　（篠藤明徳）

　1、市民討議会の現状と特徴 ………………………………………28
　2、地方分権の流れの中で─問われる住民自治─ ………………36
　3、住民自治の基礎を築く市民討議 ………………………………44
　4、これからの市民討議会 …………………………………………50

## 第3章　市民討議会の実施方法　　　　　　　　　　（小針憲一）

　1、市民討議会の5つの必要条件と3つの有効性 ………………57
　2、実行委員会の立ち上げ …………………………………………61
　3、開催までの準備 …………………………………………………63
　4、当日の運営 ………………………………………………………73
　5、報告書作成 ………………………………………………………82
　6、市民討議会に関するＱ＆Ａ ……………………………………86

## 第4章　ディーネル博士のメッセージと解説　　　　（篠藤明徳）

　1、第2回市民討議会・見本市の開催によせて …………………92
　2、解説 ………………………………………………………………102

おわりに　　　　　　　　　　　　　　　　　　　　　（吉田純夫）

参考文献…………………………………………………………… 110
著者紹介…………………………………………………………… 114
コパ・ブック発刊にあたって…………………………………… 115

# はじめに

　現在、日本各地で「市民討議会」が開催されています。そこでは、住民基本台帳から無作為で抽出された一般市民が、地域の公共的課題について熱心に討議し、その解決策を探っています。これまで、自治体職員など専門家が考え、政治家によって決定されるとばかり考えてきた公共的問題を、そこに住む普通の人々が、年齢、職業、性別などを問わず、互いに真剣に語り合い、"みんなの問題"として解決策を考えています。その姿は、行政、政治家、専門家に対しても新しい市民像を与えようとしています。

　2004年1月に出版された「市民の政治学」（篠原一東京大学名誉教授著）に紹介された討議デモクラシーの考え方や市民討議の手法は、大きな注目を集めました。日本でも自治体レベルで多くの取り組みがされています。本書は、2006年に出版された「まちづくりと新しい市民参加―ドイツのプラーヌンクスツェレの手法―」（篠藤明徳著）の第2弾として、05年、06年に誕生した「市民討議会」が、07年から驚く速さで多くの自治体で開催されている様子を報告するものです。本書が、そこで出されてきた多くの疑問に応え、これから実施したいと考えている人々の参考になることを期待しています。

　そのため、本書の執筆は、市民討議会を各地に広めている市民討議会推進ネットワーク代表である吉田純夫と同事務局長の小針憲一と共同で行なうことにしました。小針は、日本プラーヌンクスツェレ研究会の事務局長も

兼任しています。

　まず第1章では、各地に広がる市民討議会の様子を吉田が報告します。読者は、この3年間日本全国で開催されている市民討議会の様子を特に知ることができるでしょう。吉田は、前著で報告した三鷹市での市民討議会（みたかまちづくりディスカッション2006）の実行委員長を務め、行政との協働型モデルを作ってきました。基本計画改正をテーマにした07年の市民討議会の実行委員長を引き続き務め、08年には、東京外かく環状道路における中央ジャンクションに関わる三鷹市でのワークショップでも主要な役割を果たしています。このように、同一自治体で繰り返し実施され、次第に係争的課題へ適用され始めた三鷹市の状況を関係者として報告します。

　第2章では、こうして拡大する市民討議会が、進展する地方分権や新しい地方自治のあり方にどのような意義があるのかを篠藤が取り上げます。とりわけ、無作為抽出の一般市民の討議を通した公共政策形成は、住民自治を考える上で大きな可能性を秘めたものであることを考えたいと思います。また、今後の展開で大切ないくつかの点にも触れます。

　小針が担当する第3章は、市民討議会を実施するうえで、多くの行政、市民団体、議員、マスコミなどの関係者から寄せられた疑問に応える形で構成されています。市民討議会の運営の仕方はいろいろ考えられますし、また、課題によってはプログラム設計、報告書の作成の仕方など大きな注意を払う必要が多くあります。しかし、この章を読むことで、これから市民討議会を実施したいと考えている読者は実践的なことを多く学べるでしょう。その後、更に質問があるときは、本書でも頻繁に紹

介しています市民討議会推進ネットワークや日本プラーヌンクスツェレ研究会で議論を深めましょう。本章は、その意味で「理解の入り口」を示したものです。

　市民討議会は、日本で急速に展開され始めた市民討議の手法ですが、世界的にも大変ユニークなものと考えられています。プラーヌンクスツェレを考案したディーネル教授は、前著に序言を寄せてくださいましたが、それは教授が執筆された最後の文章となりました。そのすぐ後06年12月、ベルリンで急逝されました。現在、教授の次男であるベルリン工科大学のハンス・ルートガー・ディーネル博士（Dr. Hans-Liudger Dienel）がプラーヌンクスツェレの活動の中心になっています。博士が事務局長を務める同大学社会・技術研究センターは長年、様々な市民参加の実践、研究にも取り組んできました。本書では、博士が、今年2月に開催された第2回市民討議会・見本市に寄せてくださったメッセージとそのもとになっている論文の要約を第4章に掲載しています。読者は、日本の市民討議会の世界的な意味について知ることができるでしょう。

　本書を発行する目的は、市民討議会の概要と意義を理解し、それぞれの地域で活用できることです。討議デモクラシーについて多くの研究がありますが、現実の社会は、逼塞（ひっそく）する政治・社会状況に光を与える具体的道筋を求めていると思うからです。この小著が、各地で真摯に取り組まれている活動に少しでも寄与することができれば、著者にとってとても嬉しいことです。

別府大学地域社会研究センター　所長<br>
日本プラーヌンクスツェレ研究会　代表<br>
篠藤明徳

# 第1章　市民討議会の現状

 ## 地方に広がる市民討議会

　05年に東京青年会議所が千代田区で日本初の市民討議会を実施し、06年には三鷹市で行政と三鷹青年会議所との共催が日本で初めて実現しました。その後、関東を中心に全国に広がった無作為抽出型の市民討議会は、その有効性が各地で実証され、今後益々の広がりを見せています。

　05年には1件だった開催事例も、06年には3件、07年には19件、そして08年には関東から東海地区や北海道に広がり28件開催され、延べ回数は50件を超えるまでになりました。今後も急速な広がりを見せており、多数の自治体での開催が予定されています。そのような中、下記に紹介するのは今年2月に開催された第2回市民討議会・見本市で発表された、地方における事例の一部です。

**茨城県境町**
　茨城県境町は利根川の流れる人口2万6000の町です。利根川河川敷は、関宿城と富士山が眺望される撮影スポットとしても有名です。その境町で、08年4月20日、境町青年会議所（JC）と境町がパートナーシップ協定を締結し、共催で「コミュニティ2008〜市民討議会inさかい〜　考えよう！　安心安全のまちづくり」が実施

されました。これは、境JCから境町長への働きかけから始まり、境町が理解を示し実現したものです。担当は企画広聴課となり、実行委員会を設置して運営にあたり、期間は1日間、参加者による討議は3回という形で

### 表1　茨城県境町

| 項　　目 | 内　　容 |
|---|---|
| 名称 | コミュニティ2008～市民討議会inさかい～ |
| 実施日時 | 2008年4月20日（日） |
| 実施場所 | 境町役場4階大会議室 |
| 運営形態 | 行政との共催（境青年会議所・境町） |
| 実行組織の構成と人数 | 実行委員会設置<br>境青年会議所　14名、行政　9名、計23名 |
| 準備期間 | 2007年9月～2008年4月 |
| プログラム | 1日間プログラム<br>1日目　10：00～16：40　討議3回 |
| テーマ | 考えよう！　安心安全のまちづくり（防犯について） |
| コマの小テーマ<br>情報提供者と役職 | 第1回　境町の犯罪率増加！　身近に感じる不安なことは？<br>　　情報提供者：交通安全母の会会長　間中敏子<br>第2回　現状直視！　犯罪から地域を守る最も良いアイディアは？<br>　　情報提供者：境警察署生活安全課　山中課長<br>第3回　実現しよう！　安心・安全のまちづくり<br>　　情報提供者：境警察署生活安全課　山中課長<br>　　　　　　　　境町生活安全課　　　　樞場課長 |
| 無作為抽出の方法 | 18歳以上の町民の無作為抽出 |
| 参加依頼状発送数 | 1,500名に発送 |
| 参加依頼状返送数 | 参加承諾者数42人／非参加承諾者182人 |
| 参加者数と属性 | 参加人数28名　住所、年齢、性別等バランスよく分布し、町の代表者と言える構成となった |
| 開催費用と謝礼 | 約40万円　　謝礼3,000円 |
| 討議方法 | 意見を付箋に書き討議ボード（模造紙）にまとめ→各グループ発表→一人8ポイントシール投票<br>5名1組×4、4名1組×2、計6テーブル<br>5名1組×4、4名1組×2、計6テーブル |
| 意見の取扱い方法 | 協定に基づきJCが設置した実行委員会で報告書をまとめ、市民提案（提言書）として市に提出。 |
| 報告書作成者 | 境青年会議所・実行委員会・運営委員会 |
| 今後の開催予定 | あり（検討中） |

（第2回市民討議会・見本市での発表資料を一部修正し使用）

実施されました。18歳以上の町民を住民基本台帳より無作為抽出して1,500名に参加依頼状を送付しました。その結果、42名の参加承諾と参加を承諾しなかった方からのアンケート回答が182ありました。市民討議会では、積極的かつ前向きな議論が展開されました。その結果、市民討議会の手法の有効性が検証できました。境JCの児玉篤也副理事長（当時実行委員会事務局長）は、「08年の実施後に町の危険箇所に街路灯やフェンスが設置されるなどの効果があった。09年も10月共催実施が企画されており、今後も発展することを目指していく」と話しています。今後、地域に根付いた展開が期待でき注目されます。

### 栃木県栃木市

また同年6月28日、29日には栃木県内初の行政共催の市民討議会「YOU・YOU・VOICE〜あなたの声で〜」が県都である栃木市で実施されました。この取り組みは栃木JCが市長に働きかけを行ない実現したものです。この背景には、市長が協働のまちづくりに力を入れ、新しい市民参加拡大を目指していたこと、そして栃木市と栃木JCは協働事業の実績があり信頼関係があったことなどがあります。その結果、スムーズな開催決定につながったものでした。特徴的な点は、企画担当や広報課など庁内各課の課長クラスが横断的に実行委員会に参加したことで、全庁的な取り組みとなりました。

実行委員長だった坂本智哉氏は、「公募型だと意見が偏り好ましくない。無作為での市民会議は利害関係がなく良い意見が出る。しかし当日の4コマ目では協働の捉え方が、行政と参加市民とで食い違って理解され、議論が白熱するといった一幕もあった。まだまだ協働という

ことが一般市民に根付いていない事がわかった。しか

## 表2　栃木県栃木市

| 項　　目 | 内　　容 |
|---|---|
| 名称 | YOU・YOU・VOICE～あなたの声で～ |
| 実施日時 | 2008年6月28日、29日 |
| 実施場所 | 栃木市役所 |
| 運営形態 | とちぎ市民討議会実行委員会2008主催 |
| 実行組織の構成と人数 | 実行委員会設置。栃木青年会議所11名、市職員12名の23名で構成。 |
| 準備期間 | 2007年10月～2008年6月 |
| プログラム | プログラム1日目　13：00～16：30　討議1回<br>2日目　　9：00～17：30　討議3回 |
| テーマとコマ数 | コマ数4 |
| コマの小テーマ<br>情報提供者と役職 | 1日目<br>第1回目「栃木市の好きなところ。嫌いなところ。」<br>　　　情報提供：栃木市企画部主幹兼政策監　茅原　　剛<br>　　　　　　　とちぎフィルム応援団　　　　　田村　正敏<br>2日目<br>第2回目「子供にとって住みやすいまちとは。」<br>　　　情報提供：栃木市企画部主幹兼政策監　新村　　亨<br>　　　　　　　NPO法人おやこ劇場　副理事長<br>　　　　　　　とちぎ協働まつり2007実行委員長森田　信子<br>第3回目「高齢者にとって住みやすいまちとは。」<br>　　　情報提供：栃木保険福祉部<br>　　　　　　　福祉トータルサポートセンター所長兼政策監首長正博<br>　　　　　　　「地域の茶の間」頬笑の会　代表　山下領子<br>第4回目「あなたが地域のために出来ること。<br>　　　　　　　　　　　　　　　　行政が地域のためにするべきこと。」<br>　　　情報提供：栃木市市民生活部市民生活課<br>　　　　　　　市民協働推進担当主査　　　　　横永匡史<br>　　　　　　　タイボラ応援Thai　　　　　　村川大貴 |
| 無作為抽出の方法 | 20歳以上市民の住民基本台帳より無作為抽出 |
| 参加依頼状発送数 | 1,500通 |
| 参加依頼状返送数 | 参加承諾者数27人／非参加承諾者　356人 |
| 参加者数と属性 | 1日目25名、2日目23名 |
| 開催費用と謝礼 | 約60万円　　　　　　謝礼2日間　5,000円 |
| 討議方法 | 参加者を5セルグループに分けて討議<br>意見を付箋に書き、討議ボード（模造紙）にまとめ→各グループ発表→一人5ポイントのシール投票 |
| 意見の取扱い方法 | 実行委員会で報告書作成。 |
| 報告書作成者 | とちぎ市民討議会実行委員会2008 |
| 今後の開催予定 | 2009年7月12日開催予定 |

（第2回市民討議会・見本市での発表資料を一部修正し使用）

し、開催から1ヶ月を経て実施した中間報告会では、多くの参加市民が市民討議会前後の変化として様々な市民活動への参加を始めたとアンケートに回答していた。市民討議会に参加して住民として意識が持てるようになったとの声も聞かれ、市民の参加意欲が飛躍的に高まった事が立証できた。今後はさらに政策反映を目指して具体的なテーマで実施していきたい」と話しています。09年は7月12日には防災をテーマに実施が計画されており、本書が発行される頃には開催され、報告書のまとめ作業が行われている頃です。

### 群馬県藤岡市

　群馬県では藤岡市が藤岡青年会議所との共催で同年8月23日、24日に実施しました。他の自治体同様、実行委員会を設置し、小林実行委員長のもと計画が進められました。「安心・安全のまちづくり」をテーマに、18歳以上の市民1,000名を住民基本台帳から無作為抽出し、参加を承諾した55名の市民を抽選で35名にしました。参加を承諾しなかった方のアンケート回収は331通にのぼり、参加承諾者と合わせ38.6％という高い返信率がありました。

　藤岡市の特徴としては、まず充分な準備期間を取ってプログラム設計や運営に当たったことでした。この期間は、事前の交渉期間を除いて約8ヶ月を要しました。また他の自治体における開催事例の優れた部分を多く取り入れる努力と自分達の地域に合ったアイデアを折り込む工夫がされています。テレビや新聞も効果的だったと思われますが、一番反応があったのは各地域の回覧板に開催チラシを挟み込み、市内全戸へ配布し周知が図られたことです。その結果、高い返信率になったのでは、と当

時の藤岡JC市民討議会実行特別委員長の関口貴久氏は分析しています。また進行では補助的な人員を各テーブ

**表3　群馬県藤岡市**

| 項　　目 | 内　　容 |
|---|---|
| 名称 | ふじおか市民討議会～まちづくり2008～ |
| 実施日時 | 2008年8月23日（土）、24日（日） |
| 実施場所 | 藤岡商工会議所 |
| 運営形態 | （社）藤岡青年会議所、藤岡市役所共催 |
| 実行組織の構成と人数 | 実行委員会設置。（社）藤岡青年会議所（13名）藤岡市役所職員（2名）藤岡行政事務所職員（1名）事務局は青年会議所で行った。 |
| 準備期間 | 2008年1月～2008年8月 |
| プログラム | 2日間（1.5日）<br>プログラム1日目13：00～17：30討議2回<br>2日目9：30～16：30討議3回 |
| テーマとコマ数 | 安全・安心のまちづくり　セル数5 |
| コマの小テーマ<br>情報提供者と役職 | 1日目<br>第1回　子供にとって危険や不安を感じるのはどんな場所、どんな時ですか。<br>　　情報提供：「防犯、治安回復に関わる群馬県の取り組み」<br>　　　　　　　群馬県生活文化部治安回復室長　相田　義夫<br>　　　　　　「交通安全防犯マップで見る藤岡市の現状」<br>　　　　　　　群馬県立藤岡中央高校教頭　金井　明<br>第2回　地域の力（コミュニティ）で子供を守るためには何が必要ですか。<br>　　情報提供：「子供達を取り巻くコミュニティについて」<br>　　　　　　　NPO法人　三波川ふるさと児童館あそびの学校代表　山崎　茂<br>2日目<br>第3回　お年寄りにとって危険や不安を感じるのはどんな場所、どんな時ですか。<br>　　情報提供：「防犯に関する藤岡市の現状」<br>　　　　　　　藤岡警察署生活安全課長　高橋　利夫<br>第4回　地域の力（コミュニティ）でお年寄りを守るためには何が必要ですか。<br>　　情報提供：「高齢者の現状と地域の係わり」<br>　　　　　　　社会福祉法人　ふじの里施設長　西村　久良<br>第5回　子供やお年寄りを犯罪や危険なものから守るには何をすればよいですか。<br>　　情報提供：無し |
| 無作為抽出の方法 | 住民基本台帳より無作為抽出 |
| 参加依頼状発送数 | 1,000通 |
| 参加依頼状返送数 | 参加承諾者数55人／非参加承諾者331人　抽選で35名を選出 |
| 参加者数と属性 | 1日目27名　2日目25名 |
| 開催費用と謝礼 | 約50万円　謝礼1日3,000円 |
| 討議方法 | 参加者を5グループ（5、6名）に分けて討議。テーマごとに意見を付箋に書き、討議ボード（模造紙）にまとめ→各グループ発表→一人5ポイントのシール投票 |
| 意見の取扱い方法 | 市への提言書として市へ提出（区長会へ配布） |
| 報告書作成者 | 実行委員会 |
| 今後の開催予定 | 2009年9月 |

（第2回市民討議会・見本市での発表資料を一部修正し使用）

ルの少し離れたところに配置しました。最初は参加者も緊張した様子だったが、コマが進むにつれて自ら活発な議論を展開し、補助的な人員が不要となりました。そして多くの参加市民から「こんな機会がほしかった。それをJCは作ってくれてありがとう」という声が聞かれ、それが原動力となり、09年は9月12日に2回目の開催が予定されています。また藤岡JCでは市民討議会が市民参加の通常の手法として根づく為の取り組みを継続すると話しています。

　ここで紹介したのはほんの一部ですが、このように08年は関東地区を中心に28件実施されました。市民討議会の主催のタイプは、青年会議所などを中心とした市民団体の単独開催、行政との共催、そして行政単独の開催の大きく3つに分けられますが、地方での特徴としては、圧倒的に行政との共催のタイプが多くなっており、市民参加における「協働」に開催目的の重点を置いている自治体が多く見受けられます。また、いずれの事例も報告書をまとめ、市民提言として行政に提出し、施策反映を目指しているところが共通しています。
　開催する目的も、初回の取り組みの場合は新しい市民参加手法の検証・評価が多く、2回目3回目と回を重ねるごとに、その有効性の確認から変化していきます。広聴手法として継続的に開催する自治体もあれば、様々な計画策定のプロセスとして導入する自治体も多くなってきています。
　そこで、そのような展開を見せている三鷹市のケースを次に紹介しましょう。

 **三鷹市での展開**

**06年　行政との共催型モデル三鷹方式が誕生**

　三鷹市では1960年代より市民参加による計画行政が行われてきました。1970年代初頭には基本構想のための「まちづくり市民の会」が発足し、また、住区ごとに住民協議会が設置され、活動拠点であるコミュニティー・センターの運営が住民に任されるなどの仕組みを確立してきました。1999年10月には基本構想・第3次基本計画の策定に向け、「白紙からの市民参加」による提言を行うため、「みたか市民プラン21会議」が発足し、三鷹市とパートナーシップ協定を結び、行政との協働により、市民の意見を基本構想・基本計画に反映させるなどの取り組みをしてきました。このように、三鷹市には市民参加や協働の取り組みを行ってきた土壌がありました。そのような中、更なる市民参加の拡大を検討していた三鷹市と市民討議会の実施実現を進めていた三鷹青年会議所との関心が一致し、06年8月26、27日に日本初となる行政共催による「まちづくりディスカッション2006」がパートナーシップ協定のもと行われ、全国のモデルとなっています。このとき、清原慶子三鷹市長は市民討議会について、「地道に市民参加を実践してきた三鷹市としては挑戦すべき取り組みである」と定例会見で述べています。

　開催する目的を手法の実施・検証を中心におき、18歳以上の市民1,000名を無作為抽出し、87名の参加承諾者から公開抽選で60名選出し、「子どもの安全安心」をテーマに2日間で4コマの話し合いが行われ、質の高い

提案が報告書にまとめられ、市に提出されました。このことは、「まちづくりと新しい市民参加―ドイツのプラーヌンクスツェレの手法―」（篠藤著、イマジン出版）に詳しく紹介されています。

### 07年　基本計画改定に適用

　　有効性が評価された06年の取り組みは、翌年07年に開催された「基本計画改定にむけたまちづくりディスカッション」へと繋がっていきました。この取り組みはテーマの性質上、行政主催のかたちをとりながらも協働を実現する変化が求められました。その結果、主催は三鷹市ですが、実行委員会を設置し三鷹青年会議所やその他の市民団体、公募市民で委員会を構成して、三鷹市が事務局を担うという形式で運営され、私は再度実行委員長として係る事が出来ました。1,000名の市民を無作為抽出し、参加を承諾した73名から公開抽選で60名を選出して、07年10月20日、21日、2回目の市民討議会が実施されました。

　　同市の基本計画では31の施策が分かれ内容が多岐にわたるため、その中でも重要な3つのテーマに絞って市民討議会が行われました。1日目のテーマは「三鷹の魅力（課題）はなにか」で、2日目は2グループに分かれ「災害に強いまち」と「高齢者にも暮らしやすいまち」というテーマで話し合いが行われ、以下の提案がまとめられました。

・「みたかの魅力について」：緑・自然に恵まれているが、その保全など整備が必要で、コミュニティバス等きめ細やかな公共交通が望まれる。
・「災害に強いまち」：避難経路・場所や支援物資の確保のほか、誰でも正しい情報を入手できる状況が望まれ

る。
・「高齢者にも暮らしやすいまち」：地域や異世代とのコミュニケーションの機会、医療情報や道路に代表されるインフラ整備が望まれる。

　報告書では、市民討議会で出された市民意見とそれに対応する市の施策の表などがまとめられ、三鷹市に提出されました。このように07年の取り組みの目的は、手法の検証・評価ではなく、具体的政策形成に活かすことでした。

## 08年　係争的課題に応用

　こうして三鷹市に根付き始めた無作為抽出型市民討議方式は、08年には国の事業である「東京外かく環状道路（外環）計画」に使われることになりました。外環は環状8号線の外側を環状に結ぶ幹線道路で、三鷹市では南北に約3.3kmに渡り貫通し、また北野地域では中央自動車道との連絡ジャンクションやインターチェンジ、換気所の設置が計画されていて、三鷹市にとって大変影響があり、住民投票が請求されるなど大きな課題となっています。

　国と都は、外環整備に伴う課題解決に向けた対応方針を作成するにあたって、地域住民の意見を取り入れるための地域検討会（地域PI会議）を沿線7区市で開く事を決めたため、三鷹市では無作為抽出型市民討議方式で行う事で調整に入りました。しかし、当初国はプログラム作成や運営の進行、報告書の作成まで市民に任すわけにはいかないという立場でした。しかし、三鷹市は過去2回の実績から粘り強い調整を重ね、実現が可能となったのです。08年8月23日、24日、9月27日、28日の4日間で行われた取り組みは「東京外かく環状道路中央ジ

ャンクション三鷹地区検討会」と題され、無作為抽出された2,000名から参加を同意した市民94名に町会、JA、商店会、PTA、市民団体などから選ばれた25名を加えた119名の登録で実施されました。参加者の完全無作為抽出というプラーヌンクスツェレの原則は崩れましたが、運営ではその精神を生かす「市民討議会」のバリエーションのひとつという事で、市民討議会方式をあくまでも進めようとし、こうした折衷型に難色を示した市民も了承し行われました。当初、各団体から選ばれた参加者が無作為抽出の市民と同じテーブルに付く事で、無作為抽出の市民が誘導されるのでは、と懸念されていました。また、25名の地域代表の一部参加者からも「無作為抽出という手法は意見を言いたい市民の参加機会を奪うものだ」として反対がありました。私はその有効性を何度も繰り返し説明し、三鷹市も努力を重ねることで、ようやく実現しました。しかし当日は、無作為抽出の市民が逆に利害関係者をたしなめる光景も見られ、そのまとまった結果は、利害関係者と無作為抽出された市民との合意形成が図られた内容となり、反対してきた地域代表者の一部参加者からも後に理解をいただくに至り、11月に国と都に提出されました。

このワークショップでは、参加者からジャンクション周辺のまちづくりや環境への影響などの課題が抽出されるとともに、その課題解決に向けた具体的な対策などが提案され、交通や環境対策に加え、特にジャンクシ

## 表4　09年三鷹市

| 項　　目 | 内　　容 |
|---|---|
| 名称 | 東京外郭環状道路中央ジャンクション三鷹地区検討会 |
| 実施日時 | 2008年8月23日（土）24日（日）　9月27日（土）28日（日） |
| 実施場所 | 第1、2、3回（1日目、2日目）法政大学中等高等学校<br>第4、5、6回（3日目、4日目）三鷹市立北野小学校 |
| 運営形態 | 国土交通省・東京都・三鷹市主催 |
| 実行組織の構成と人数 | 地域検討会準備運営会議（町会、JA、商店会、PTA、市民団体30名で構成）が運営事務局を設置し運営<br>運営事務局に行政とまちディスみたか（市民実行組織）、コンサルで構成しプログラム作成と当日運営を行った。 |
| 準備期間 | 2009年3月～ |
| プログラム | 1日目10：00～12：00　現地見学会<br>　　　13：00～17：00　市民討議方式<br>2日目13：00～17：00　市民討議方式<br>3日目13：00～17：00　市民討議方式<br>4日目10：00～17：00　市民討議方式 |
| テーマとコマ数 | 中央ジャンクション事業化に伴う課題と対策<br>4日間6コマ |
| コマの小テーマ<br>情報提供者と役職 | 1日目<br>第1回　「外かく環状道路中央ジャンクションができることで心配な事はありますか？」<br>　　情報提供：東京外かく環状道路の概要、計画の内容及び整備効果、計画検討の経緯など（国土交通省）<br>　　　　　　三鷹市の取り組み、国・都に提出した意見書・要望書について<br>　　　　　　　　　　　　　　　　　　　　　　　　　　　（三鷹市）<br><br>2日目<br>第2回「交通、環境などで心配なことは？」<br>　　情報提供：交通や環境への影響（国土交通省）<br>　　　　　　環境影響評価に係る三鷹市の取り組み（三鷹市）<br>第3回「まちづくりで心配なことは？～通学路や日常生活など～」<br>　　情報提供：まちづくりの課題・地域分断（町会、通学路など）（当該地区PTA）<br>　　　　　　農地の減少など（当該地区生産者代表）<br><br>3日目<br>第4回「交通、環境などで心配なことへの対策」<br>　　情報提供：交通、環境などの検討すべき課題（第2回結果のまとめ）<br>　　　　　　　　　　　　　　　　　　　　　　（市民スタッフ）<br>　　　　　　まちづくりの課題に対する対策手法等について（三鷹市）<br><br>4日目<br>第5回「まちづくりで心配なことへの対策」<br>　　情報提供：まちづくりの検討すべき課題（第3回結果のまとめ）（市民スタッフ）<br>　　　　　　まちづくりの課題に対する対策手法等について（国土交通省）<br>第6回「外かく環状道路中央ジャンクションができることでまちづくりに期待すること」<br>　　情報提供：まちづくりに期待すること（東京農業大学教授　進士五十八） |
| 無作為抽出の方法 | 18歳以上市民の無作為抽出と準備運営会議メンバー |
| 参加依頼状の発送数 | 2,000通 |

第1章　市民討議会の現状

| 参加依頼状の返送数 | 参加承諾者数　無作為抽出市民92名<br>　　　　　　　準備運営会議より27名（地域の町会、自治会、生産者、市民団体など）<br>　　　　　　　合計　119名 |
|---|---|
| 参加者数と属性 | 1日目89名、2日目76名、3日目67名、4日目64名 |
| 開催費用と参加謝礼 | 謝礼無し　予算不明 |
| 討議方法 | 参加者を10グループに分けて討議　意見を付箋に書き、討議ボード（模造紙）にまとめ→各グループ発表→シール投票 |
| 意見の取扱い方法 | 運営事務局が報告書を作成し国土交通省、東京都に提出。<br>国と都が作る対応方針に出来る限り反映する。 |
| 報告書作成者 | 運営事務局（国、都、市、市民で構成） |

（第2回市民討議会・見本市での発表資料を一部修正し使用）

ョン上部の利用方法や農地の保全についての創造的な意見が多く出されました。当該地域以外の無作為抽出された参加者から農地を保全するべきとの意見が多く出たことに、利害関係者である農業を営む参加者は驚きと感動を覚えたようです。この様子は地域の農業生産者に伝えられ、これに感謝した生産者から地域検討会（ワークショップ）の終了時に多くの農作物が参加者全員に配布されるなどの出来事がありました。

　この報告書を受けて09年1月には「対応方針（素案）」が示され、そこにはジャンクション上部の整備、農地保全の仕組みづくり及び環境の監視体制を検討するなど、外環計画が地域に与える影響を極力軽減し、周辺のまちづくりを進めるうえで、基本となる内容が報告書には含まれるものであり、三鷹市としては一定の評価ができるものと判断しています。この後、三鷹市は更に要望書を国と都に提出し4月には「東京外かく環状道路（関越道～東名高速間）対応の方針」がとりまとめられ、第4回国土開発幹線自動車道建設会議において整備計画（案）が審議了承され事業化が決定しました。私も三鷹地区検討会運営事務局に市民側として参加し、プログラム設計や当日運営、報告書作成などを務めました。日本で初めて無作為抽出型市民討議方式を採用した都市計画

に関するワークショップにおいて、参加した市民の意見が整備計画に反映されたことに対し、私は大変感動を覚えるとともに、あらためて市民討議会の無限の可能性を実感する事ができました。

## ③ 行政からの声

　日本では2000年に地方分権一括法が施行され、中央政府と地方自治体、および市民の関係が大きく変化しました。自治体行政と市民というこれまでの対立的な関係に対し、市民と自治体がお互いに協力し接近する「協働」という新しい行動様式が普及・定着することが望まれています。今後、また、ローカルレベルにおける自治体と市民双方による問題解決の方法が模索され、また、市民活動や市民参加を通して、日本の社会における「市民主義」がさらに推進されて行くかどうかが問われています。このような現状のなか、各自治体では市民との協働のまちづくりを推進するための様々な取り組みが行われており、その中でも「市民討議会」は、先にも述べたように各地でその有効性が確認され、実施を検討する自治体が急増しています。

　多くの開催地では企画段階では無作為抽出した市民が本当に討議できるのかと疑問視する行政職員が多くいます。しかし、ある自治体職員の「市民が主体的に活発な議論をする姿に驚いた」という声が示すとおり、この疑問がまったく不要なもので、市民は意見も考えも持ち議論もできる事が立証されています。

　ある自治体の企画担当職員は「審議会を同時に約50程度実施しているが、担い手が少なく多くの審議会は同

じメンバーという現状です」と言っていました。また「市民討議会をこれから都市計画や基本計画策定などに活用していきたい」とも述べています。

　また小金井青年会議所が実施した事前アンケートで、ある市は「市民討議会の真の目的は、行政への提言や声なき声の発掘ではない。市民参加機会の現状や市民自治を考えることで実践する市民を増やすことだと思う」と回答しています。このことから、最初の実施（導入期）での行政は市民意識を高めることや担い手の掘り起こしが主な目的になっている事がわかります。他方、最近では計画策定プロセスに導入する自治体が増えてきており、また三鷹市や国立市などでは都市計画という利害の対立が大きな分野にも適用されるようになってきました。また、多摩市では「中央図書館」の是非についてなどでも行われています。

　市民討議会を実施してきた自治体の動向を見ると、開催目的を市民意識の熟成や担い手の掘り起こしに特化すると、例外はあるものの2回目、3回目の実施で目的や展望がつかめなくなる傾向がうかがえます。一方、課題の判断や解決を目的にし、その方向にチャレンジする自治体では「市民討議会」が根付いて行っているように感じています。

# 全国の開催状況

最後に、これまで全国で開催された（予定を含む）市民討議会の状況を報告します。これは、私たち市民討議会推進ネットワークが、09年6月15日現在で把握しているものに限っています。しかし、各県各自治体で数多く実施されていることを理解していただけるでしょう。

### 市民討議会開催（予定を含む）状況一覧

市民討議会推進ネットワーク
2009年6月15日現在把握分

| | 市民討議会開催日・開催予定日リスト | | | | |
|---|---|---|---|---|---|
| | 開催地 | 開催日（開催予定日） | テーマ | 主催者 | 備考 |
| 茨城 | 常陸太田市 | 2007年10月13日 | 環境問題 | （社）常陸太田JC・常陸太田市 | |
| | 〃 | 2008年10月18日 | 食の安全・地産地消 | （社）常陸太田JC・常陸太田市 | |
| | 坂東市 | 2007年9月1日 | ゴミ減量と分別方 | （社）坂東JC | 坂東市後援 |
| | 境町 | 2008年4月20日 | 安全安心きれいなまち | （社）境JC・境町 | |
| | 常総市 | 2008年10月19日 | 高齢者自立支援など | （社）水海道JC・常総市 | |
| | 龍ヶ崎市 | （2009年7月11日） | 元気（心と身体の健康に関する内容） | （社）龍ヶ崎JC・龍ヶ崎市 | |
| 神奈川 | 横須賀市 | 2007年6月20日 | 子供の安心・安全 | （社）横須賀JC | |
| | 相模原市 | 2008年9月21日 | さがみはらってどんなところ？ | （社）相模原JC | 相模原市後援 |
| | 三浦市 | 2008年10月18日 | 「あなたにとって三浦の魅力はなんですか？」「災害（大地震、津波など）が起きたとき、私たち地域住民ができることとは？」 | （社）三浦JC | 三浦市・三浦市教育委員会後援 |
| | 茅ヶ崎市 | （2009年10月～11月） | 未定 | 茅ヶ崎市・（社）茅ヶ崎JC | |
| | 小田原市 | 2009年6月27日～8月29日 | 基本計画8ジャンル65テーマ | 小田原市 | 小田原トライフォーラム |
| | 伊勢原市 | （2009年9月12日） | 「地域ブランドを創ろう！」 | （社）伊勢原JC | |
| 群馬 | 藤岡市 | 2008年8月24日 | 安全安心のまちづくり | （社）藤岡JC・藤岡市 | |
| | 〃 | （2009年9月12日） | 未定 | （社）藤岡JC・藤岡市 | |
| | 富岡市 | 2008年8月10日 | 安全・安心 | （社）富岡JC・富岡市 | |

●市民討議会

| | | | | | |
|---|---|---|---|---|---|
| | 高崎市 | （2009年10月2・3日） | 高崎市の文化施設・文化政策について | （社）高崎JC・高崎市 | |
| 千葉 | 習志野市 | 2007年10月7日 | 子どもの未来 | （社）習志野JC・習志野市 | |
| | 〃 | 2008年10月5日 | ゴミ削減と防災 | （社）習志野JC・習志野市 | |
| | 木更津市 | 2008年10月19日 | 子どもの未来創造 | （社）かずさ・木更津市 | |
| | 我孫子市 | 2009年2月10日 | 市の歳入を増やす方策（まちを元気にする方策） | | これはJCの例会。10月に市民向けをやるらしい |
| 東京 | 日野市 | 2007年11月17・18日 | 安全安心きれいなまち | （社）日野JC・日野市 | |
| | 〃 | 2008年10月4・5日 | 日野市を魅力あるまちにするために | （社）日野JC・日野市 | |
| | 多摩市 | 2007年9月8・9日 | 図書館・図書館サービス | 多摩市教育委員会 | |
| | 〃 | 2008年12月20日 | 第5次総合計画 | 多摩市 | 無作為抽出型ワークショップ |
| | 町田市 | 2007年10月13日・14日 | 子どもの遊び | （社）町田JC・町田市 | |
| | 〃 | 2008年10月25・26日 | 市民スポーツと健康づくり | （社）町田JC・町田市 | |
| | 〃 | （2009年10月） | 未定 | | |
| | 立川市 | 2006年8月5日 | 市議会と市民の関わり | （社）立川JC | 立川市後援 |
| | 〃 | 2007年2月4日 | 駅前デッキと路上演奏 | （社）立川JC | 立川市後援 |
| | 〃 | 2007年5月27日 | 地域コミュニティ構築 | （社）立川JC | 立川市後援 |
| | 〃 | 2008年11月9日 | 教育 | （社）立川JC | 立川市後援 |
| | 〃 | （2009年10月頃） | 第3次基本計画 | （社）立川JC・立川市 | |
| | 武蔵村山市 | 2007年9月22日 | 市議会と市民の関わり | （社）立川JC | |
| | 千代田区 | 2005年7月16・17日 | 公益団体への課税 | （社）東京JC | 一部無作為ポスティング |
| | 〃 | 2006年7月1・15日 | 1日目：子育てしやすいまち千代田・子供の安全と安心 2日目：子育て支援サービス・子育てしやすい職場環境 | （社）東京JC | 1日目と2日目は関連するが、別テーマ |
| | 〃 | 2007年8月25日 | 学校選択に関して | （社）東京JC | 千代田区教育委員会後援 |
| | 千代田、新宿、港区 | 2008年10月4日 | 青少年の携帯問題 | （社）東京JC | 広域 |
| | 葛飾区 | 2007年8月26日 | 学校選択に関して | （社）東京JC | 葛飾区後援 |
| | | 2008年9月27日 | 少子高齢、災害 | （社）東京JC | |
| | 墨田区 | 2007年9月8日 | 学校選択に関して | （社）東京JC | 墨田区・同教育委員会協力 |
| | 〃 | 2008年9月20日 | スカイツリーと歩む子供たちの未来 | （社）東京JC | |
| | 江東区 | 2007年9月9日 | 学校選択に関して | （社）東京JC | 江東区協力 |
| | 青梅市 | 2007年6月23・24日 | 自治会・地域のコミュニティ | （社）青梅JC | 青梅市後援 |
| | 三鷹市 | 2006年8月26・27日 | 子どもの安全安心 | 三鷹JC・三鷹市 | |
| | 〃 | 2007年10月20・21日 | 第3次基本計画改定 | 三鷹市 | |

24

| | | | | | |
|---|---|---|---|---|---|
| | 〃 | 2008年8月23・24日 | 東京外かく環状 | 国土交通省・東京都・三鷹市 | 地域課題検討会 |
| | 〃 | 2008年9月27・28日 | 中央ジャンクション | | 無作為導入ワークショップ方式 |
| | 小金井市 | 2008年8月23・24日 | 住みやすさ向上 | 小金井JC・小金井市 | |
| | 〃 | (2009年8月1日・2日) | 子育て支援 | 小金井JC・小金井市 | |
| | あきる野市 | 2008年10月18日 | みんなで作ろう防災力 | あきる野JC | あきる野市後援 |
| | 〃 | 2009年4月18日 | まちの防犯 | あきる野JC | あきる野市後援 |
| | 青梅市 | 2008年11月8日 | まちづくり | (社) 青梅JC | 青梅市後援 |
| | 狛江市 | (2009年5〜11月) | 河川敷利用 | 狛江JC・狛江市 | |
| | 国立市 | (2009年2月21・22日) | 国立市南部地域整備基本計画策定 | (社) 立川JC・国立市 | |
| | 八王子市 | (2009年10月) | 未定 | (社) 八王子JC・国立市 | |
| | 調布市 | (2009年11月4日・5日) | 未定 | (社) 調布JC・調布市 | |
| 栃木 | 栃木市 | 2008年6月28・29日 | 住みやすさ | (社) 栃木JC・栃木市 | |
| | 〃 | (2009年7月12日) | 安心安全のまちづくり | | |
| | 宇都宮市 | 2008年9月13・14日 | 地産池消・交通 | (社) 宇都宮JC・宇都宮市 | |
| | 足利市 | 2008年9月13・14日 | 安心・安全なまちづくり | (社) 足利JC | |
| | 小山市 | 2008年11月23日 | 住よい暮らし、魅力 | (社) 小山JC・小山市 | |
| | 真岡市 | (2009年8月2日) | 「真岡市の良いところ、悪いところ」「どうすれば、もっと住み良くなるのか」「どうすればもっと人がやってくるのか」 | (社) 真岡JC・真岡市 | |
| | 益子町 | (2009年秋) | 未定 | (社) 真岡JC・益子町 | |
| 山梨 | 富士吉田市 | 2007年10月6日 | 市民エコ | (社) 富士五湖JC | 富士吉田市後援 |
| 埼玉 | 川口市 | 2009年2月15日 | より良い市民と行政の関係について | (社) 川口JC | 川口市後援・基本台帳使用 |
| | 飯能市 | 2009年7月5日 | 飯能をより魅力ある「まち」にするために | (社) 飯能JC・飯能市 | |
| 静岡 | 静岡市 | 2007年10月7・8日 | どうなる地球？どうするゴミ？これってゴミ？〜未来の子どもたちのために考えよう！〜 | (社) 静岡JC | |
| | 静岡市 | 2008年8月30・31日 | 健康福祉計画 | (社) 静岡JC・静岡市 | |
| 愛知県 | 新城市 | 2008年9月28日 | 新城をもっと元気にするには？ | (社) 新城JC・新城 | |
| | 刈谷市 | (2009年6月27日) | みんなで考えよう！わたしたちのまち刈谷 | (社) 刈谷JC | 刈谷市後援 |
| 北海道 | 夕張市 | 2007年10月7日 | 地域連携 | (社) 日本JC北海道地区協議会 | |
| | 札幌市 | 2008年2月23・24日 | 情報提供、市民参加の方法の評価 | 札幌JC | 名称:集中評価会議 |
| | 網走市 | 2008年9月2日 | 人口減少から考えるまちのあるべき姿 | (社) 網走JC | 網走市協力 |
| 岐阜 | 多治見市 | (2008年6月27・28日) | 多治見駅と土岐川周辺の資源を活用し"にぎわい"をつくろう | (社) 多治見JC・多治見市 | |

25

| 新潟県 | 十日町 | （2009年10月4日） | 未定 | | （社）十日町青年会議所 | 市へ申し入れ中 |

※JCとは青年会議所の略称です。※後援・協力の表記は行政関係のみに省略してあります。※記載順は順不同です。※当会が把握していない場合は記載されておりませんのでご容赦ください。

（吉田純夫）

# 第2章　住民自治を拓く市民討議会

　第1章で大まかに述べてきましたように、市民討議会は05年東京都千代田区で実験的に行われ、翌06年三鷹市で行政が共催し本格的実施が始まりました。そして、07年、08年には全国各地で実施されるようになっています。この勢いは、09年になってますます強いものになっています。そこで第2章では、市民討議会の現状をまず分析しながら、現在進行している地方分権の流れの中で、この市民討議会が住民自治を拓く上で大変意味のあることを論じたいと思います。以下、これから述べる骨子について説明しておきます。

　地方自治には中央政治と異なり、住民の直接参政の制度があります。しかし、地方分権改革は、中央政府からの改革であり、団体自治の論議が中心になってきました。他方、自治体改革として行政組織の民間化が言われますが、その中でも、アウトカム（成果）を評価するうえで、計画段階における住民参加の重要性が指摘されています。また、「新しい公共空間」の議論では、「新しい公共」の担い手としてNPOなどが取り上げられますが、そもそも、「新しい公共」は、言説空間における公共圏として論じられるべきものであり、計画段階における「住民の討議」が重要であると思います。その意味で、自治体で繰り返し実施されつつある市民討議会は、「住民の討議」を促し、住民自治の新しい地平を拓くものと考えられます。

 **市民討議会の現状と特徴**

### 市民討議会に対する関心の高まり

　市民討議会は、07年19自治体、08年28自治体で実施されています。このように急速に展開している原因は、主に日本青年会議所という約600の各地の地域団体を持つ強力なネットワークを土台に市民討議会が推進されているためですが、それだけではありません。私がドイツの市民参加の手法であるプラーヌンクスツェレを紹介した当初から、行政関係者、研究者、様々な市民活動団体のメンバーが日本プラーヌンクスツェレ研究会に参加しています。この2年間、私自身も驚くほど多様な会合に招待されていますが、その一端をまず紹介したいと思います。

　08年4月23日東京都国立市では、市民討議会について市民を対象にしたパネルディスカッション（立川青年会議所主催）が開催されましたが、25日は市役所において市職員と市議会議員を対象に研修セミナーが実施されました。私はドイツのプラーヌンクスツェレについて説明し、市民討議会推進ネットワークの吉田純夫代表が市民討議会について報告しました。ある課題が特定地域の問題である場合、その地域や隣接する他市の住民の参加に特別の配慮を示すべきかなど、参加者から熱心な質問が相次ぎました。また、08年10月24日には、東海地区主要10カ都市で構成される企画担当者の研究会に招かれました。参加した職員は、住民基本台帳から無作為に抽出される市民が公共政策の課題について討議し提言することに大きな関心を示しました。とりわけ、名古屋

市では、環境問題等で多面的市民参加を大規模な形ですでに実施しており、こうした市民参加に経費が掛かったとしても意義があることを十分に理解しています。市民参加は、先進的自治体にとって形式的なものではなく、その後の協働も含め、切実な課題として様々な手法が実践されています。その中で、既存の手法では参加しない一般市民が参加するという市民討議会は、魅力的手法であるが、その反面、適用すべきテーマ、有償の参加など他の手法との違いをどのように整理できるか、課題として感じているようでした。

　ドイツでは、こうした無作為抽出の一般市民の参加手法は、選挙で選ばれた議員にはあまり歓迎されない傾向を持っています。そのため、議員を対象とする自治体議会政策学会のセミナーで私が講演をした時は、厳しい意見も出されるものと緊張しました。しかし結果は、私の予想に反するものでした。こうした市民参加の手法を議会が主催することはできないのか、という質問も出され、その後、日本プラーヌンクスツェレ研究会のメンバーになった議員もいます。また、東京都稲城市議会の総務委員会が主催する市民討議会の研究会に出席した時、ある年配の保守系議員が私の所属する別府大学地域社会研究センターが発行する「地域社会研究」を手元に持ち、鋭い意見を同僚議員と交換している姿を目の当たりにし、会派と関係なく、市民との関係を模索する真摯な姿に驚きました。

　07年11月、東洋大学で開催された日本地方自治学会では、共通論題「自治・分権とまちづくり」において、「ドイツの市民参加の方法『プラーヌンクスツェレ』と日本での展開―ドイツ・メッケンハイム市の事例と日本の『市民討議会』」を報告しました。事例として、多摩

市における図書館に関する市民討議会（07年）を取り上げ、実行委員会、プログラム設計などの課題について論じました。学会では、プラーヌンクスツェレと議会の関係、市民答申の活用の仕方等に質問がありましたが、法的拘束力はないというものの、ドイツにおける多大な経費負担は、その市民答申の重要さを間接的に保障していることが確認されました。また、翌08年2月に開催された第1回市民討議会・見本市開催にも多くの研究者が集っています。

このように、市民討議会は、開催される各地で大きな注目を浴びるだけでなく、行政、自治体議会、研究者など多くの関係者にも知られるようになってきています。

**市民討議会についての調査・研究**

市民討議会について、若い研究者を中心に調査報告が少しずつ発表されています。私の把握する、いくつかの調査・論考をここで紹介しておきたいと思います。

まず、市民討議会について最初に出た論文は、新潟市の職員である鈴木和隆氏が、政策研究大学院大学の修士論文として提出した「新潟市における住民自治活性化のための行政のあり方に関する研究～『プラーヌンクスツェレ』方式による住民参加の推進～」（08年3月）です。その第4章で、市民討議会を行政が共催する場合と後援する場合の事例を具体的に調査しています。同氏は、新たな参加者の掘り起こしにプラスであるが、現状では、情報提供の精査、参加住民の負担、参加報酬による責任感、積極性の誘発、結果の取り扱い、継続性の確保に課題を残していると判断しています。

東京大学大学院政治学研究科の井出弘子氏は、08年の日本政治学会で「無作為抽出市民による討議に関する

質問票調査―日本における討議民主主義の実証研究―」を報告しました。同氏は、参加の拡大、討議による意識変化、参加の限界について、07年に実施された三鷹市、日野市、千代田区・葛飾区・墨田区・江東区合同の3つの市民討議会に関し、全参加者を対象にした質問票調査と一部非参加者のアンケート調査の結果に基づき明らかにしようとしました。調査結果の分析として、以下の5点を挙げています。

①参加者には行政に働きかける、選挙で投票するといった従来型の政治参加を行なっていない人が含まれる。
②参加者は非参加者と比べ、60～70代の高齢者がより多く含まれる傾向があり、政治的関心は有意的に高いが、政治的会話、政治的有効感に有意差はない。
③討議によって賛否が変わるのではなく、意見が明確になる。
④討議後行政への働きかけや地域の話し合いへの参加意識は向上するが、投票参加の向上は見られない。
⑤参加しない要因は、日程やテーマのほか、体調不良、討議自体の拒否などもあった。

井出氏は下表のように、討議会の目的を参加拡大型と選好反映型の2つに分け、前者は、テーマは身近なもので、日程も短く、参加率が低く、参加者が少なくても多く開催することが重要であり、後者は、開催頻度は低いが、重要な争点をテーマにし、日程も長く、無作為抽出は厳密に行い、参加率が高く、参加者数も多いことが求められると述べています。

法政大学大学院生の渡真利紘一氏は、多摩市での市民討議会のスタッフとして働き、その後、NPO法人「まちぽっと」の調査にも協力してきました。同氏の修士論文「市民自治を強化する視点からみた市民討議会の活用

**討議会の目的による２分類と実際の討議会**

|  | テーマ | 日程 | 報酬 | 無作為抽出 | 参加率 | 参加者数 | 開催頻度 |
|---|---|---|---|---|---|---|---|
| 参加拡大型 | 身近なもの | 短い | 安い | 厳密でなくてもよい | 低くてもよい | 少なくてもよい | 多い |
| 現在の討議会 | 身近なものが多い | 1～2日 | 無～12000円 | 住民基本台帳、電話帳、チラシ配布、等 | 0.5～8.7% | 7～52名 | 増加中 |
| 選好反映型 | 重要争点 | 長い | 高い | 厳密 | 高い（参加者は母集団を反映） | 多い（参加者は母集団を反映） | 少ない |

に関する研究―参加者アンケート及び多摩市のケーススタディから―」は、07年の多摩市を事例として、①行政計画へ地域の代表性を持った中立・公平な立場から市民意見を反映させる働き、②参加を促進させる働き、を明らかにしようというものです。分析結果として、行政職員が情報提供やプログラム設計に関与したため様々な課題に繋がったこと、参加要因として、「テーマに関心があった」「無作為抽出のため」「案内状が届いたから」との回答があり、インタヴュー調査でも後付けされた、と述べています。今後の参加希望に対しては、「市民・住民活動」「地域での話し合い」などが微増し、「自治会・町内会活動」「選挙での投票」は減少した結果になっています。

　NPO法人「まちぽっと」の職員である深田祐子氏は、市民討議会の実験モデルができた05年千代田区の実践に加わり、その後も研究会の常連メンバーとして参加してきました。まちぽっとの機関誌である季刊まちぽっと（08年秋号）で市民討議会について特集を組んでいます。そこでは、05年千代田区、07年多摩市、08年三鷹市を事例として取り上げています。三鷹市の場合は、市民討議会ではなく、無作為抽出市民に利害関係者を加え

実施したワークショップでしたが、専門知識を持つ利害関係者と無作為で抽出された一般市民が平等に意見交換しにくい課題を見出しています。また、伊藤久雄氏との共著である「市民意見の反映の仕組みと課題～公募型・無作為抽出型委員会等の比較から～」によって、それぞれの手法の課題を以下のように整理しています。

それぞれの手法の課題

|  | 付属機関 | 大規模市民会議 | 市民討議会 |
|---|---|---|---|
| 参加者の多様性、普遍性 | 公募市民は少数 | 参加市民が固定化する危険性 | 無作為なので、多様、普遍性を期待 |
| 代表性 | ― | なし | 可能性あり |
| 課題（議題）設定 | 諮問 | 行政が設定（計画、条例の素案づくりなど） | 行政が設定（試行段階） |
| 行政への反映 | 諮問に対する報告なので、行政は基本的に尊重 | 不満あり（パートナーシップ協定などで反映の仕方を協定） | 今後の課題 |

### 市民討議会の特徴

　これまで述べてきましたように、市民討議会は多くの事例が実施され始めたばかりで、多くの課題があることも確かです。私も、先に述べた日本地方自治学会において、今後の展開で考慮されるべき課題として以下の4点を上げました。
　①市民活動が提起する"異議申し立て"を社会的センサーとして評価すべきである。
　②市民討議会は、参画意識の低い市民の啓蒙の手段ではない。
　③行政目的実現のための市民動員の手段に陥ってはならない。
　④十分に討議されない生の意見を表出する場ではな

い。

　しかし、ベルリンの国際会議（篠藤、「プラーヌンクスツェレに関するベルリン国際会議の報告」参照）において以下の特徴を述べましたが、日本での展開は討議デモクラシーの様々な手法の中でその特徴は際立っていることを改めて認識しました。ここで、その意味をもう少し考えてみたいと思います。

①青年会議所を中心として民間団体が"社会運動"として展開している。
②その結果、主催団体としてJC単独型、共催・協働型、行政単独型があり、その日程も1日型、1.5日型、2日型などがあり、コンパクト型で実践されている。
③多くの同一自治体で繰り返し実施されている。

　フィシュキン教授を中心に開発された討議型世論調査は、スタンフォード大学討議デモクラシー研究所を通し世界に普及されています。コンセンサス会議は、デンマークでは国会に設置され、科学技術の民主的（市民的）コントロールの役目を果たしています。また、プラーヌンクスツェレは、ディーネル教授存命の時は、ヴパタール大学市民参加・計画手法研究所など教授が直接関係した形で実施されてきました。従って、これらの手法はかなり厳格な形で設計されコントロールされてきたといえます。しかし、既存の制度を変革しようとする市民の側からの運動であったとは言えません。それに対し、日本の市民討議会は、"政治を変えたい"という市民の熱意に基づき進められています。確かに、上記の手法と比較し荒削りであり、事例によっては、かなり不安な場合もあります。しかし、こうした政治的意義を見過ごしてはならないと思います。「無作為で抽出された一般市民こそが公共政策形成に関わるべきである」というメッセー

ジは、後述するように重要な意味を持っています。しかも、幸いなことに、青年会議所は上意下達の組織ではなく、各地域の青年会議所が主体のネットワーク型組織です。そのため、市民討議会の意義を一つひとつの青年会議所に伝えていかなければなりませんが、これが今日のネットワーク型社会には、逆に相応しいのです。

　多くの事例は、06年三鷹市で行なわれた実行委員会方式で実施されています。これは、プラーヌンクスツェレや討議型世論調査が行政など委託者から独立した実施機関で行なわれることと大きく異なっています。確かに、係争的テーマに対しては、行政から独立した機関が実施したほうが良いでしょう。しかし、この実行委員会方式は、幅広い市民の意見を聞く段階の「市民討議会」では、市民と行政の「協働」プロジェクトとして積極的意義を持ちます。実行委員会で、市民討議会のテーマを検討するケースも出ています。特に、前著（「まちづくりと新しい市民参加」、イマジン出版）で紹介したように、06年の三鷹市における実行委員会は、独立性の面からも積極的に評価できるケースでした。

　次に、市民討議会は、その地域の事情に合わせた形でまず実施しようというプラグマティックな運動でもあります。そのため、最初はできる範囲内で行なっています。立川市の事例が典型的に示すように、行政が共催しない場合、地図や電話帳から無作為に抽出し参加依頼者を選ぶ努力をしています。確かに、これでは参加者も少なく、その社会的代表性は損なわれるでしょう。しかし、見知らぬ一般市民が公共的課題について"討議"する姿はスタッフに力を与え、マスコミなどで社会に伝えられ、次第に、行政や議会にも影響を与えていっています。こうした小さな成果が次の具体的知恵を生んでいる

のです。まさしく"カイゼン"運動と呼ぶべきものです。小さな工夫と社会浸透が積み重なっていく現象としてとても高く評価すべきものだと思います。

その延長として、三鷹市だけでなく、同一自治体で毎年実施されるケースも出ています。現在、先進自治体では「自治基本条例」や「市民参加条例」などが制定されていますが、近い将来、市民討議会は、「無作為抽出型市民委員による討議型参加手法」として確立する可能性もあります。このように、社会運動として展開されている「市民討議会」は、地域の政治文化を大きく変える手段として立ち現れつつあるのです。

## ② 地方分権の流れの中で
―問われる住民自治―

### 地方自治の現状

地方分権の流れは、大きな潮流となって動いていますが、ここでは、地方自治制度における住民自治の側面を、まず振り返ってみたいと思います。

地方自治は、日本国憲法第8章「地方自治」における4条の条文によって規定され、憲法構造として位置づけられています。第92条では、「地方自治の本旨」が書かれ、その内容は、団体自治と住民自治からなると解されています。団体自治は、第94条における条例制定権、自治行政権、自治財政権などにより保障され、住民自治は、第93条における首長、議会、その他の吏員の住民による直接選挙を保障します。また、第95条では、特定地域の法律の制定は、首長や議会の承認ではなく、住民投票によって決定されるという規定が置かれています。このように、憲法構造に位置づけられる地方自治に

おいて住民自治は重要な意義を持ちますが、第92条に基づき制定された地方自治法においても、条例制定のための住民請求、解職請求、住民監査請求、住民訴訟などの規定があり、また、町村レベルでは議事機関である議会も設置せず、住民総会をおくことができるなど、国政レベルと異なった直接民主主義的要素を強く持っています。

さて、80年代から活発化し、2000年の地方分権一括法の施行に結びつく地方分権改革は、475本の法律改正を行なう大改革として結実していきましたが、その眼目は、「機関委任事務の廃止」でした。これによって、法律的には中央政府と地方政府は対等の関係になり、その係争は、最終的には裁判所の判断に委ねられることになりました。しかし、財の分権は不十分ということで、小泉政権下では、いわゆる「三位一体の改革」として、税源委譲、地方交付税、国庫支出金をセットに改革を進めようとしました。しかし、地方交付税は5兆円カットされたにもかかわらず、税源委譲は3兆円に止まってしまい不十分なものとなりました。現在、地方分権改革推進委員会が設置され、自治行政権、自治立法権、自治財政権を有す「完全自治体」としての地方政府を作ることを基本目標に、二重行政の課題等に取り組んでいます。しかし、これまで述べてきた地方分権改革の主眼は中央・地方関係の対等化であり、地方自治体の団体自治を保障しようとするものです。よって、こうした改革は、「官官分権」であるとの批判も浴びてきました。

また、平成の市町村大合併により、約3200の市町村は1800弱に減少しました。私が住む大分県では、58市町村から18市町村に激減しました。そこで、旧町村を念頭に「地域自治区」の制度ができ、役所、議会が住民

から遠くならないように配慮されていますが、議員定数の削減、庁舎の統合などにより、合併市町村における住民と行政・議会は遠いものとなっています。つまり、分権改革における住民自治の保障は危うくなっているのです。

### 自治体経営論の視点から

ところで、80年代から急速に展開されたのが自治体経営の考えです。これは、ニュー・パブリック・マネジメント（以下NPM）の一環として、先進諸国共通に行なわれました。つまり、公共部門における経営的革新を目指すもので、その内容は、主に2つに分けられます。ひとつは、公共部門、とりわけ、現業部門の民間化です。民間化という場合、営利法人に任せる民営化とNPOなど非営利法人も含む民間化があります。自治体レベルでも、委託事業の拡大、競争入札、PFI（Private Finance Initiative）、指定管理者制度などが進められています。二つ目は、行政内部の経営化です。これは、それぞれの部局における事業推進において、目標設定、インプットとアウトプット管理、事業評価など一連の過程から構成されます。

ところで、投入される財と産出される事業の管理により、経済的効率は比較的容易にできますが、市場に基づく私経済活動と異なり、産出される公共財は市場で任意に売買されるわけではありません。全ての人々に開かれたものとして提供されます。この場合、各事業がいかなる公共的ニーズに応えているのか、そのアウトカム、つまり、政策目標の達成はどのように評価できるのか、を測定することは難しい課題とされています。そのため、住民の満足度調査、事前の目標設定の仕方が問われるよ

うになってきています。

　日本でニュー・パブリック・マネジメントを広めた代表的論者のひとりである大住荘四郎氏は、公共財のアウトカム評価システムに倫理や衡平などの価値観を活かす必要を述べ、その関連でドイツのプラーヌンクスツェレに言及しています。行政サービスにおいて、その利害関係者による業績目標とこれを示す評価基準（業績目標の数値化）に対して、英国などではトップダウン型でシステムを構築してきましたが、近年、行政サービスの策定そのものに参画を求めるボトムアップ的改革が進んでいるといいます。ドイツのプラーヌンクスツェレは、無作為抽出の一般市民が「プランナー」として市バスや市電などの交通システムや身近な行政サービスに参加し積極的評価が高いと紹介しています（大住、P127～130）。

　ドイツでは、都市会議に付属するKGSt（Kommunale Gemeinschaftsstelle）を中心として進められた「新運営モデル」は、主に、自治体内部を擬似契約関係化することに重点が置かれ、住民は「顧客」と位置づけられ、顧客満足を目的とした諸改革を行なってきました。しかし、このモデルの推進者であったゲハルト・バナー教授は、04年5月ベルリンで開催された会議で、90年代は「自治体経営」の時代であったが、2000年以降は「市民自治体」の時代へ転換していると述べ、「市民自治体」におけるプラーヌンクスツェレの可能性に言及しています（Banner、P22）。

### 「新しい公共空間」―ローカル・ガバナンスの課題

　総務省は05年3月、分権型社会に対応した行政組織運営の刷新に関する研究会の報告「分権社会における自治体経営の刷新戦略―新しい公共空間の形成を目指して

—」を発表しています。これを契機に「新しい公共空間」概念は、多くの行政文書に登場することになりました。報告書では、かつては公共と行政はほぼ一致した形であったが、現在、公共的領域は非常に拡大し、また、行政の持つ資源の限定性もある。それ故、今日、公共は行政だけで担うものではなく、自治会などの地縁組織、NPO・その他非営利組織、営利組織など様々な社会的組織によっても担われるべきものと述べています。つまり、ここでの「公共空間」とは「行為の公共空間」を意味しています。

　こうした「公共空間」論の背景には、95年の阪神淡路大震災と98年の特定非営利活動促進法（NPO法）の成立もあったと考えられます。阪神淡路大震災は国家、行政の無力さを市民に教え、他方、近隣の力や全国から続々と集まってきた市民ボランティアの力を私たちに教えてくれました。それをきっかけに成立したNPO法は多くの不備があると指摘されましたが、市民活動団体と党派を超えた議員が協力して成立した法律として画期的なものでした。確かに、NPOなどは、行政と異なり、全ての人々にサービスを供給する義務を負わず、また、課題の変化に対しても臨機応変に対応できます。また、2000年に施行された介護保険法は、多くの課題を抱えながらも、行政による画一サービスの支給であった措置制度から、多くの異なったサービス主体との契約関係への移行を実現し、自治体の行政サービスにおいて画期的な変化を及ぼしました。福祉系NPOが多く登場した背景にもなっています。このように、「公共」は行政だけが担うのではなく、NPOなど多様なアクターによって担われるべきものだと、今日では多くの人によって考えられています。

しかし、報告書で論じられる「行為の公共空間」論では、公共の担保は行政が行なうべきであり、具体的には、実施主体の選考、実施の監督、評価は行政である、と考えられています。つまり、「『新しい公共空間』において行政が担う役割は、戦略的な地域経営のための企画立案や条例制定など、『行政』でなければ対応しえない核となる部分であり、地域経営の戦略本部としての機能を十分に発揮するため、地方自治体の行政組織運営を刷新していくことも必要」と述べられているのです。

　このような議論に対しては、これでは行政の下請けではないか、という批判が多く、対等関係の「協働」ではない、と言われます。NPOの財政基盤はとても弱く、専従職員の数も非常に少なく、給与水準は低い現状です。それ故、行政からの補助金をいったん受け始めると、それに対する依存が進み、自治会・町内会のように、行政に包摂される傾向すら持つ場合もあります。また、行政が作成する「NPOと行政の協働の指針」では、行政主体の事業、行政・NPOの共催事業、NPO主体の事業を分け、後者の2つでは、計画段階におけるNPOの参加、イニシアティブがよく述べられています。しかし、NPO主体といっても、その事業採用決定は行政が行なうのであり、民間団体であるNPOが行政に対して主導することはできないのです。

　しかし他方、民間団体に委託、あるいは、完全に委譲した場合、継続的サービスが低下する、危険の保障が担保されないなど、行政が一方的に責任放棄することへの批判も激しいものがあります。このような対立は、どのように克服されるべきなのでしょうか。

### 行政と政治の戦い──ローカル・マニフェスト、自治体議会改革をめぐって

　自治体の行政組織が上位の法律の拘束を受けながら、そのもとで当該住民の声を聞きつつ行政計画を策定する従来のやり方に対して、これは民主主義的な正当性がないという批判が噴出しています。とりわけ、2000年の地方分権一括法は、中央政府からの通達等の拘束性を否定しましたので、地方政府として、住民から選ばれる首長の公約こそが諸計画策定における基礎であるという主張が説得力を持ってきています。三重県の県知事として自治体経営を先導した北川正恭氏は、現在、早稲田大学マニフェスト研究所所長として、選挙時における各候補者、政党のマニフェスト作り、また、評価に力を入れています。と同時に、21世紀臨調の代表の一人として、政治・社会活動を展開しています。自治体改革で述べたように、行政は専門的恒常的組織として、事業決定、事業評価についてインプット・アウトプット分析を中心に行なうことができますが、政策評価、つまり、アウトカムの評価は、住民が選挙を通して首長との関係で与えられるべきとの考えもあります。しかし、マニフェストの課題として、住民は候補者を選ぶことはできますが、マニフェストの個々の事項について意見表明することはできません。従って、候補者が当選したといって、その候補者のマニフェストの掲げた全ての事項が住民から承認されたことにはならないのです。

　他方、次第に議論され始めたのは議会改革です。執行部に対する監視だけではなく、議員同士の討議空間としての役割が指摘されるようになりました。江藤俊昭氏は、監視と討議機能を備えた議会として「協働型議会」のビジョンを提出しています（江藤「自治を担う議会改

革」イマジン出版参照)。また、栗山町の議会基本条例の制定などが全国的に注目されています。この「討議をする場」としての議会論には、個別的案件について、議員同士が討議を通して「公共性」を確立すべきである、との討議デモクラシーの含意があります。個別の政策に関し、議員ばかりでなく住民も含め議会で討論し、合意点を探りながら決定し、行政を通して執行する道が開ける可能性を示しています。

　しかしこの両者は、住民が直接選出する二元代表の活性化を論じていることで共通し、その意味で「住民自治」の活性化を目指していることと考えることができます。しかし、住民の直接参政の活性化を論じたものではなく、代表制民主主義の活性化をテーマにしたものです。

### 様々な市民参加

　政策サイクルで見た場合、計画→決定→実行→評価のそれぞれの場面で住民参加はありえます。計画段階では、様々な情報をインプットするために、住民アンケート、公聴会・説明会、住民集会、パブリック・コメント、委員会・審議会などを実施しています。また、決定の段階では、法的拘束力を持つか諮問型かは別にして住民投票があります。住民投票の一般条例を制定している自治体も出てきています。実施段階では、既に、「新しい公共空間」で論じたように、担う主体は多様に考えられています。評価の段階でも、外部評価や市民評価などを含め多様です。

　さて、今日、「住民の声を聞く」「住民の声を尊重する」ことを否定する者はいません。計画段階における住民参加の代表的手法の特徴は下表のようになりますが、

住民参加の手法と特徴

| 手法 | 参加者 | 特徴 |
|---|---|---|
| 委員会・審議会 | 学識者・利益、地縁団体代表など | 各団体の利害が反映されやすいが、組織化されない多くの住民の意見は反映されない |
| 公募型市民会議 | 少数の不特定住民 | 利害関係者または団塊世代など特定の社会層になりやすい |
| 住民集会 | 不特定住民 | 同上 |
| 住民投票 | 住民全体 | 賛否のみを聞く |
| パブリック・コメント | 不特定住民 | 利害関係者の声だけになりやすい |

「住民の声」を把握することは簡単ではありません。

　参加者について見ると、ひとつは職業団体・地縁組織・NPOなどの関係団体代表であり、他方は、誰でも参加できる形かに類別できます。前者は、施策が対象とする利害関係者の意見を聴取する意味で重要なものですが、組織化されない声を聴取する意味で、後者が近年重要視されてくるようになりました。三鷹市における375名の公募市民が2年以上かけて基本計画案を白紙から作り上げたこと（みたか市民プラン21会議）など、全国から注目された試みでした。また、公募市民による市民会議の意義も強調されてきています。しかし問題は、参加する市民が、団塊世代など特定の社会層の人々である場合が多いことです。

# ３　住民自治の基礎を築く市民討議

**共同体の基礎の崩壊**

　はじめに、地域社会の変容について簡単にスケッチし

ておきたいと思います。そもそも近代社会は専門化・分業化し発展してきました。そして貨幣が諸関係の基礎になりましたが、その分業化は高度成長を通し、ますます進みました。戦後、人口の半数を占めていた第1次産業は大きく衰退し、都市型社会へと変化していきました。また、共同体の基礎である家族関係も大きく変化し、核家族化が急進し、共同体としての家族機能は大幅に弱体化しました。その結果、生活分野における行政の介入が拡大し、行政との関係なくして生活は成り立たなくなっています。とりわけ、介護保険法やDV法などで長い間私的と考えられてきた問題も公共的課題と考えられるようになったのです。

　しかし他方、自己責任と市場における競争、革新こそ重要であると考えた新自由主義的「改革」の風潮は、貨幣万能の社会を作り、社会を成り立たせてきた「信頼」「信用」という社会関係資本が急激に磨耗されていきました。

　今日では、家庭の個室化、外食化、パソコンから携帯電話への移行など、社会の原子化が進み、共同性の基礎は失われつつあります。その結果、共同体の基礎をもう一度見直すことに関心が高まってきていますが、場合によって、伝統主義への回帰が主張されたりしています。しかし、伝統主義を支える伝統的社会関係が、上記の社会変化によって失われつつありますので、共同体の基礎として単純に蘇ると考えることは幻想に過ぎません。では、社会はその共同体の基礎をこれからいかにして確立できるのでしょうか。

**信頼を失う政治家と公務員**

　近代の民主主義社会は、周知のように、国民が投票を

もって政治的代表者（政治家）を選出し、また、全ての国民に開かれた公務員による行政制度という2つの柱によって作られています。別な表現をすると、近代の制度では、本来みんなで担うべき「公共」が政治家と公務員に分業化されたのです。しかし、現在、この政治家と公務員という2つの柱は、国民から最も不信感を持たれ、ひびが入った状態に陥っています。代表制民主主義は、もう一度刷新されなければならない時点に来ているといえます。

　もちろん、個々の政策は、単純に政治家や役人のみが決定するのではなく、政策形成過程において多様な利害関係者が影響力を行使しています。こうした多元的影響の側面は、自由民主主義の豊かさを一面示していますが、他方、利益配分を巡る交渉の場と化しています。また、マスコミも他のコミュニケーション回路を開いてはいますが、第四権力としてその問題点は大分以前から指摘されてきました。

　「地方自治は民主主義の小学校」と述べたブライスの言葉のように、地方自治は民主主義論の中でも重要な意味を持ちますが、上記のような政治・行政の不信は、地方自治体のレベルでも全く同様です。場合によっては、権力が強い首長の汚職や地縁関係に縛られる議員の旧態然たる様に対しもっと激しい批判が集まっています。高度な情報ネットに結ばれるNPOなど市民活動からすると、地方の行政職員の"専門性"のレベルに呆れることも多くなっています。

　90年代から盛んに言われるようになった「討議デモクラシー」論では、多数を持って全体の意思を決める「集計民主主義」に対抗し、民主主義の中心は、その過程にある審議・討議であることを明らかにしようとしま

した。その場合、尊重されるべき「討議」とは、参加者の自由、平等性、公開性の原則に基づく相互コミュニケーションです。そして、討議の後の決定は、過程的であると認識することです。また、「デモクラシー」で大切なことは、選ばれた代表者だけではなく、市民全体です。しかし、膨大な市民全体が「討議」することは不可能であり、それに変わるものとして、市民全体から無作為抽出された代表者である一般市民の間の「討議」を重要視することです。市民討議会のきっかけとなった「市民の政治学」（篠原一著）のインパクトの意味はここにありました。

**一般市民の間の討議に現れる"公共性"**

　私は、各地で市民討議会を推進している人々と会う機会が多くあります。彼らは、この不況下で厳しい仕事環境の中、夜間、週末の会議を重ねながら、手探りで「市民討議会」の準備を進め、実施後も報告書作成、発表という膨大な仕事に追われています。その報いは何ですか、と毎回尋ねますが、応えは異口同音に同じです。初めて会った若者と高齢者が、家庭の主婦と社会的地位のある男性が、全く平等に、しかも真剣に公共的課題に対して意見交換している様子に感動すると言うのです。ここに「市民の力」があらわれていると、実感するのです。

　見知らぬ一般市民が真剣に討議し、解決策を共同で作成しようという「市民討議」の姿は、複雑化し、分散化した社会における共同体的ベースを蘇えさせる力を示しているのではないでしょうか。グラスルーツ・デモクラシーを実現する基礎的自治体において「市民討議」が活発に行なわれる状況を作り出すことは、単に、行政サー

ビスの多元的供給などという議論に矮小化されるべきものではなく、グローバル化し分散化し原子化が急進する現代社会の再構築を意味するものなのです。

### 問題発見の力・NPOと一般市民のダイアローグ

　NPO等の新しいアクターは、地域の諸課題と向き合い、その情報を絶えず収集しています。その結果、行政組織や議員の活動で拾い上げられるものとは異なった情報が、公共空間に現れてきます。その意味で、コミュニケーションによる公共性の形成において重要な役割を担ってきました。こうした機能は、「討議」を促すきっかけを作る「社会的センサー」の役割を果たすと言われています。

　しかし、こうした市民活動を行なう人々はやはり限られたものであり、その社会階層は、学歴はじめ、ある傾向性を持っています。サイレント・マジョリティは、「公共を語る場」からは距離を取ったままです。そこで、この社会的センサーと一般市民の対話する場として、市民討議会は新しい言説的公共空間を創造するのでしょう。

　プラーヌンクスツェレの発展形態である多段的対話手法では、プラーヌンクスツェレを実施する前に、利害関係者や市民団体など異なる意見を持つ人々による公開のワークショップや円卓会議が開催されます。その後に実施されるプラーヌンクスツェレでは、この利害関係者などは情報提供者として無作為で選ばれた一般市民の前で説明し質問に応えます。このようにして、異なった意見を戦わせる「討議空間」と無作為抽出の一般市民による「討議空間」が接続されています。今後、日本における「市民討議会」の前にNPOなどによって見出された意

見・情報が公開される円卓会議等が行なわれるならば、住民による公共圏の形成の場として住民自治の基礎を築くものになることが期待されます。

**市民討議に基づく自治体内の「新しい公共空間」**

　既に前著「まちづくりと新しい市民参加―ドイツのプラーヌンクスツェレの手法―」でも書きましたように、市民討議会は、本書で中心的に紹介している行政との共催型ばかりでなく、議会に接続される可能性やマスコミ主催の形も考えられるし、住民発議を通して実施される形、住民投票の前に実施される形など様々な可能性を秘めています。重要なことは、無作為で抽出された住民が生活の心配をしないで、公共的課題について自由に意見交換しながら、共同的解決策を熟慮していくことなのです。こうした「市民討議」の制度化は、もっと市民討議会が開催されるようになるなら、将来的に可能となるでしょう。一般市民が討議する場ができることこそが住民自治の基礎なのです。

　そうすると、市民討議の活性化は、当然のことながら、住民代表である議会の討議を活性化します。「討議のアリーナ」である議会は本来の力を示すようになるのです。決議権は、住民によって選出された議員が持つものですが、議員同士が討議する、傍聴した市民も討議に参加する、また、利害関係者やNPOの代表なども専門委員として討議に参加するなど、その討議空間は、制度的に最も重要なものになっていくでしょう。この2つの「討議の公共空間」の形成が「地方自治」の土台なのです。

　そして、この土台の上に、恒常的専門組織としての行政は、住民から信頼され権力を委託された公務機関とし

て機能するようになります。また、企業、NPOなどの市民社会における公共を担う組織もその特性を活かし、公共的サービスを供与することができます。こうしてできる「討議の公共空間」の上に立つ「行為の公共空間」は、新時代に相応しい「新しい公共空間」としての意味を持つようになります。

　この節で最初に述べた共同体崩壊の現象は、基礎的自治体でも進行しています。世界がどのように流動しようとも、国家の行政機能や企業等の経済セクターが専門化し分業化しようとも、市町村は、基礎的自治体として、生活空間、共生空間として特別な意味を持っています。全ての人々の生活権が保障され実現する場なのです。市民社会と政治・行政システムが重なり合い、共鳴し、協働する空間の意義があります。その再構築が求められる現在、市町村合併も進む中、こうした言説空間を創造する意義は、単に、行政施策の形成における新たなインプットに止まらないのです。

# 4 これからの市民討議会

### 市民討議会の拡大

　これまで、市民討議会の示す可能性を積極的に述べてきました。もちろん、現在起こりつつある市民討議会は、最初に論じましたように、多くの課題を抱えています。そこで最後に、これからの展望を述べたいと思います。

　現在行なわれている意見表出型の市民討議会は、多くの自治体にとって新手法を検証する意味合いが大きいと思われます。今後もより多くの自治体で、この新手法を

まず実施し体験することが大切です。この3年間多くの自治体に拡大されたとはいえ、地域的には偏りがあります。関東地方がほとんどであり、東海地方と北海道で若干事例があるに過ぎません。今後数年間で日本全国に拡大され、まず、多くの人々がこの「市民討議の力」を実感することが何よりも大切です。行政の政策形成上における、新しい市民参加のツールとして確立していくでしょう。場合によっては、これまでの施策をこうした形で広報する場にもなりえます。また、札幌市が行政単独で実施した事例のように、施策の評価を無作為抽出の市民にしてもらうこともっと実施されてもいいだろうと思います。私も、地元で取り組んでいる災害時の要支援者の防災問題などを住民基本台帳から無作為で抽出した市民が検討することは大変意義深いと考えています。このような課題では、広報の意味も考え、複数回、合計100人を越える規模で実施すると、より大きな効果が期待できます。その他、取り上げるべき課題はとても多いでしょう。

**課題判断型における実行委員会と継続される"カイゼン"運動**

これまで述べてきた、実施機関の行政（委託者）からの独立性と実施機関の関係は、テーマの性質により以下のように簡単に整理できます。

テーマの種類と行政の関与

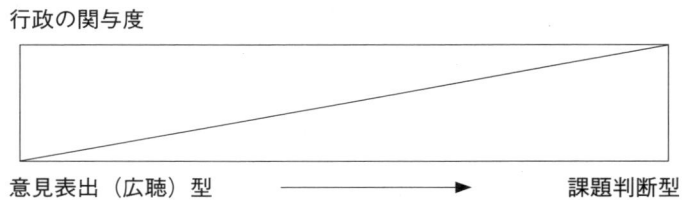

行政の関与度

意見表出（広聴）型　　　　→　　　　課題判断型

課題判断型のこれまでの事例は、多摩市の事例や三鷹市の外環計画でのワークショップなどまだ稀です。この場合、実施機関の機能を２つに分けて考える必要があります。まず、参加者の募集、市民討議会の実施という機能とプログラムの設計（情報提供に関する事項も含む）と報告書の作成です。前者は、事務量は別として比較的容易に実施できます。この部分は、行政と市民の協働として実行委員会方式は積極的意味を持ちます。しかし、情報提供者の選択を含むプログラム設計については慎重な運営が望まれます。また、報告書作成なども当該課題に対して専門的理解や時間を要する場合もあります。現在、市民討議会推進ネットワークには、学術者や豊富な経験者を含むアドヴァイザー制度を構築しつつありますが、若干、経費が掛かったとしても、こうした独立的外部組織に依頼することも大切になるでしょう。今後、こうした課題判断型の「市民討議会」が実施されることが増えた場合、こうした機関の充実をもっと考えていかなければなりません。
　参加者を住民基本台帳で抽出し参加依頼状を出したとしても、募集人数が少なかったり、社会的条件が整わなければ、公募型と変わりがない参加者層になってしまいます。その点、前著で紹介した三鷹市の事例（06年）では、手紙の出し方、事前の広報活動など多くの細かな工夫をしています。こうした"カイゼン"情報を市民討議会推進ネットワークのメーリングリストでは交換し合っていますが、このような小さな積み重ねが大切です。各コマの作り方、情報提供の公正さの担保、報告書のまとめ方など工夫すべきことは多いのです。

### 3つの柱による公開性・中立性の担保

　既に述べましたように、日本の市民討議会は社会運動として実践されてきました。従って、討議デモクラシーの理論やドイツを中心としたプラーヌンクスツェレの実践を学ぶ日本プラーヌンクスツェレ研究会は、自然な形でオープンな公開フォーラムとして発展してきました。そこでは、フィシュキン教授の進める討議型世論調査の手法など他の参加手法も研究しています。日本に合った手法を開拓していこうとしています。これまでの研究会の内容は以下の通りです。

①後藤潤平氏「プラーヌンクスツェレ―熟慮民主主義」
　工藤春代氏「食品分野の消費者政策における消費者参加」
②篠原一氏「討議デモクラシーの現状と課題」
③篠藤明徳「新しい市民参加と討議デモクラシーの連関」
④広瀬幸雄氏「交通計画への市民参加―カールスルーエでの試み―」
　伊藤雅春氏「住民参加の事例と市民参加条例」
⑤各地の事例発表
⑥大沼進氏「ドイツ・レンゲリッヒのプラーヌンクスツェレに関する社会心理学的調査の報告」
　篠藤明徳「ヨーロッパレベルにおけるプラーヌンクスツェレの2プロジェクトの報告」
⑦前田弘枝氏「バイエルン州におけるプラーヌンクスツェレに関する社会心理学的調査の報告」
　坂野達郎氏「討議型世論調査の報告」
⑧篠藤明徳「プラーヌンクスツェレに関するベルリン国際会議の報告」

また、市民討議会推進ネットワークが設立され、初めて市民討議会に取り組む場合、様々な助言を与えています。そして、両組織が共催し、別府大学地域社会研究センターや財団法人日本青年館、特定非営利活動法人まちぽっと社団法人日本青年会議所関東地区協議会の後援を受け、市民討議会・見本市を年1回開催しています。ここでは、前年に実施された各地の市民討議会の事例が発表され検討されてきました。こうした一連の発展は、当初から意図されたものではありません。必要に応じてできたものです。全てが誰でも参加し発言できるオープンなものになっています。

　また、第4章で紹介しますように、日本で取り上げている諸問題は、欧米でも同様の課題として認識されています。私は、04年にベルリンで開催された国際会議において、存命中であったディーネル教授の求めで日本の動向を報告しましたが、その会議後発足したプラーヌンクスツェレ推進者国際ネットワークの設立メンバーになりました。日本の3つの柱は、世界のネットワークとも連携して機能し始めています。

　私は長いドイツでの生活の中で、偶然、ディーネル教授の知己を得、プラーヌンクスツェレを日本に紹介するという幸運に恵まれてきましたが、日本の研究や活動には多くの若い有能な研究者が集っています。その研究者のネットワークは、日本での市民討議会運動に関係しながら、国際的に展開しようとしています。今後の展開が楽しみだと思っています。

　本稿では、第1章で紹介された、日本で急展開されている市民討議会の現状と課題をまず述べてきました。少しずつ調査・研究され始めた市民討議会は、まだ生まれたばかりであり、多くの課題を示しています。しかし、

現在進行する地方分権、地方自治体改革に流れの中で、「住民自治を拓く可能性」において、今後大きな意味を持つものと思われます。つまり、住民自治の基礎である「討議の公共空間」の形成に寄与する可能性です。住民が行政と協働し「新しい公共空間」を形成していく上でも、まず、多くの住民が公共的課題に直接関係し考える契機がなければなりません。

　今日の社会の閉塞感は、単に政治家・行政組織の問題ではありません。社会を構成する住民一人ひとりが信頼・連帯のベースを失ってバラバラになっていることに起因します。その意味で、市民討議会で垣間見られる「市民の力」は、もっと大きな意味があるように思われます。

　　　　　　　　　　　　　　　　　（篠藤明徳）

# 第3章　市民討議会の実施方法

　市民討議会は、それぞれの地域に合わせたかたちで開催運営がされていることや、少なくとも今までは開催手法を一元化して行う必要性があまりなかったことから、様々な開催方式や運営方式が試みられています。本書において今から述べるのは必ずしも「これが絶対」と言うものではありません。ただ、以下の2つの事を考えながら「現在の日本ではこの開催方式が好ましいのではないか」と思われる開催方法をこの章で提示したいと思います。

1. より公平・公正・中立的で民主主義的な開催・運営形式あること
2. 開催する市民団体や自治体にとって開催しやすいものであること

　第一章で述べられているように、開催形態としては青年会議所などを中心とした市民団体の単独開催、行政との共催、行政単独開催の3つに分けられますが、この章では自治体行政と青年会議所や各種市民団体などが協働で開催する形式を中心に述べていくこととします。

# 1 市民討議会の5つの必要条件と3つの有効性

●5つの必要条件

　開催の準備を始める際に気をつけておくべきことや考えねばならない重要なことを先に述べておきます。現在の所、守っていくべきと考えられる要件は以下の5つです。

1. 参加者の無作為抽出

　無作為抽出とは、何の条件もつけずに、住民基本台帳などから参加市民を選ぶということです。過去の開催事例では市の広報等に「無作為抽出」と書いてあるにもかかわらず、年齢層別や住んでいる地域別に何らかの条件をかけている例がありました。この場合は「無作為抽出」ではなくて「条件抽出」となりますので、「条件」が恣意的にならないよう十分に注意し、明示することが必要です。本書では、「完全無作為」を推奨します。

2. 参加者への謝礼の支払

　参加市民の方々に時間を割いていただき、市民委員として仕事をしていただくという意味で、有償であることは欠かせません。特に、土日に開催することが多いので、土日に働いている方々、学生や主婦、現在失業中で土日も就職活動をしている人、経済的に余裕のない方などにも平等な参加機会を提供して、社会を代表する構成にするためにも、有償であるべきと考えています。市民力は決して無料ではありません。参加することで参加市民にコストが発生してしまい負担をかけることを極力取

り除く必要があります。

### 3. 公正・公平な運営機関

　行政との共催（協働）の場合は、行政や市民などで構成される実行委員会を運営機関として設置することが有効です。

　この場合、実行委員会での運営が公平・公正に実行されているかを確認できる様な情報公開が重要となります。実行委員会の設置規定や構成委員名、議事録等の公開が原則となります。また、実行委員会の会議の傍聴については、自治体の情報公開のルールなどに準拠する方法もありますが、実行委員会で協議する事が望ましいでしょう。

### 4. 参加者による小グループ討議

　市民討議会では、参加市民は5人程度の小グループに分かれて討議を行います。

　1グループ5名が最も討議が活発に行われ有効とされており、これより人数が多くなると討議の質が落ちる傾向が見られます。

　市民討議会では進行役はつきますが、参加市民が自主的、主体的に討議できる環境を整えることが主な役割です。基本的には単なる司会役・タイムキーパーなどにとどめるべきであり、討議内容にまでふみこんでファシリテーションをすることは、結果として討議の誘導や参加市民の満足度を低下させる恐れがあるため、望ましくありません。開催前は参加市民が討議できるか不安を抱くものですが、多くの事例を見てもその心配は無く、むしろ驚くほど質の高い討議が行われ、運営側はほとんど何もしなくても大丈夫であることが実証されています。ち

なみに、ドイツのプラーヌンクスツェレでは25名の参加者に対して進行役が2名つくだけで、討議には全く関わらず簡単な説明と時間管理のみを行います。

5. 報告書公表

　討議された内容は、基本的にはすべて報告書にまとめ公表します。実行委員会が討議内容を参加市民の代理人として責任をもって編集します。ただし、内容について実行委員会や事務局が勝手な解釈を付加したり、勝手な編集や削除・追加をしたりしないように注意します。なぜなら、市民討議会の討議内容は市民からの提案や答申であり、主催者や運営機関のものではないからです。報告書は、実行委員会から参加市民に提示され、確認と承諾を得た後に正式に発行されます。

●3つの有効性

　市民討議会を開催するにあたり、住民基本台帳を利用して無作為抽出を行う場合には、行政の協力が不可欠です。なぜなら、行政の協力がなければ住民基本台帳の閲覧ができないことが多いためです。従って、行政の主催や共催という公式な形にならない場合でも、協働や協力を得られるように市民討議会の有効性を説明し理解をして頂く必要があります。また、行政には予算面の負担をお願いする必要がありますので、一般的に行政が次年度の予算を組み始める時期（10～11月ごろ）までには次年度の開催骨子を決定して、余裕をもって予算の枠取りを進めていくことが必要です。行政の窓口は企画課や市民参画課などがなること多いようですので、早期に窓口を特定して充分に有効性をご理解頂くように努めてください。

### 有効性１：市民と行政との情報や課題の共有

　地域に関する情報を市民と行政が共有するとともに、地域が直面している課題を「みんなの課題」だと実感することは、その解決に向けた市民と行政の協働、あるいは市民と市民の協働にとって大切なことです。市民討議会は、無作為に選ばれた市民の代表である参加者を通じ、市民と市民、市民と行政が一緒に課題や解決策を考えていくきっかけを増やしていくことができます。

### 有効性２：協働を促進する新しい市民参加

　特定の市民が「提案」や「提言」という形で意見を出し、行政がそれを受身で聴く、あるいは、公聴会という形で行政が提示し市民にヒアリングをするといった従来の依存型の市民参加の形を、市民討議会は変えることができます。市民討議会は、参加した市民にとって、課題解決に向けた話し合いを通じて公共的課題に関する自分の考えを深めたり、変えたりしていくきっかけになり、行政とともに地域を良くしていこうという協力的なあり方に変化していきます。そして、市民の多様な視点の意見から、施策づくりのよりよい方向がどこにあるのか、新しい気づきや発見を得ることができます。

### 有効性３：市民参加が盛んなまちへの変化

　この手法は市民参加の経験のない市民にも参加しやすいように作られています。この手法に関わった経験を持つ市民が増えていくことで、結果として市民の行政に対する意識を変化させていくことが期待できます。

## ❷ 実行委員会の立ち上げ

　実行委員会と一口に言っても運営形態等によって様々な形があります。よくあるのは、自治体と地元青年会議所が共催者としてパートナーシップ協定を締結し、その協定に基づき実行委員会を設置する方法です。参加メンバーとして、行政職員、青年会議所メンバー、公募市民や地元の市民団体で構成される事例が多いです。プラーヌンクスツェレの場合、討議会の運営は外部の研究機関等に委託されるため、この実行委員会というのは日本独自の方式です。

　気をつけるべき点の一つは、実行委員会は市民討議会の「運営」のみを任されているに過ぎないことです。実際の政策の内容や討議内容に深入りしたり、参加市民の出した結論を行政が実際に行うかどうかを検証したりすることはできません。実行委員会が市民討議会の検証をおこなった場合、実行委員会自体が権力化してしまう可能性も考えられます。実行委員会が考えた内容の結論が出るように誘導的に討議のコマ作りを行い、その結論に基づいて自治体に検証という名の圧力をかけていくことも理論的には可能です。この点から考えても、検証は実行委員会ではなく、地域の主権者である市民によって行われるべきものなのです。

　また、実行委員会構成メンバーに、取り上げる討議内容に関連する利害関係者を入れたり、政治家や政治団体関係者を入れることも極めて不適切です。実行委員会は運営の仕方によっては、討議内容を誘導したり操作したりすることが出来る立場にあるため、メンバー選びから

運営の仕方にいたるまであらゆることに対して公平性が要求されます。この点を全てのメンバーに熟知徹底することが運営上もっとも大切なことの一つであり、最も難しいことの一つです。何が公平・公正・中立であるのかについては厳格な規定があるわけではありません。是非とも実行委員会のメンバー内で、徹底的な議論を尽くしていただきたいと思います。

### 実行委員会の役割

　共催・実行委員会主催の場合などには、それぞれに役割や責任を分担し、何をすべきで何が出来るかを要綱や規定などで明確にします。

　討議内容作成・当日運営・報告書作成の小委員会を設けて運営した例もあります。とにかく決めなければならないこと、やらなくてはならないことが沢山ありますので、このやり方は有効な手段の一つです。以下、主な役割をあげます。

・実行委員長・実行副委員長（複数名）
　実行委員長は全体の統制管理、実行副委員長は実行委員長の補佐と各担当の役割について責任を持つ。実行委員長についてはその性格上、行政職員以外の方がなることが望ましい。

・事務局長・副事務局長（複数名）
　事務局長は委員間の連絡や配送物の発送、委員会会場の手配や委員会メンバーの出欠確認などを行う。副事務局長は事務局長の指示のもと、同様の作業を行う。

### 事務局の設置

　事務局は行政の担当部所内に置いたり、青年会議所やNPO団体の事務局に置くこともあります。いずれにせ

よ、常に連絡が取れる状態になっていることが大切です。そのため、事務所に常勤職員がいない市民団体や青年会議所の事務所に事務局をおく場合は運営に注意が必要です。情報の取りまとめや各委員への伝達など事務局のやることがたくさんあるため、ある程度人員を確保しておいたほうが良いでしょう。いずれにせよ、実行委員会の運営に大きな影響を及ぼすので、どのような形式にするかについては事前に良く話し合う必要があります。

**事務局の役割**
・無作為抽出と抽出名簿の管理・参加案内の発送
・事前準備（PR・説明会・フォローアップ）
・当日設営・運営
・事後対策（中間発表会・報告書の作成と公開）

## ③ 開催までの準備

では次に、開催当日までの準備とそのスケジュールの目安について説明します。

**組織化**　　開催日の8ヶ月〜6ヶ月前

実行委員会を立ち上げ、運営組織を決定し、各担当および役割分担を決定します。

**名称決定**　　開催日の7〜6ヶ月前

「市民討議会」という名がそれほど知られていないことと、名称が硬いという意見が多いため、たいていの場合、より親しみやすい愛称を付けて地域にアピールしていることが多いです。時間があれば名称の公募などして

も良いかもしれません。各地域にあった分かりやすいものやテーマの内容にあったもの、親しみやすいものにすることが大切です。

例：まちづくりディスカッション／わいわいミーティング／南の風トーク　など

**開催日時決定**　　開催日の6ヶ月前

地域住民が参加しやすい開催日を検討します。たいていは土日開催です。討議の回数に応じ、1日の時間を決定します。地域の大きな行事（お祭りなど地域のイベント、運動会などの学校行事など）と重ならないよう注意する必要があります。

現在までのところ、1日半、もしくは2日間の開催が多く、短いものでは1日開催もあります。2日を越えての開催は今のところ事例がありません。通常は2日連続して開催されますが、隔週で行った事例もあります。討議の熟慮性と集まった参加者の人間関係の構築を考えると基本的には連続して2日以上の開催が望ましいと考えています。

また、1日に話し合い（小テーマ＝コマ）を何コマ入れるかを決めます。3コマや場合によっては2コマということもあります。

例：2コマ＋3コマ→1.5日開催
　　4コマ＋4コマ→2日開催

**開催規模決定**　　開催日の6ヶ月前

開催規模に応じて無作為抽出数と参加想定人数を決定します。最終的に何名の参加者で開催するかを決めて、無作為抽出数を決めます。これまでの事例では、無作為抽出数に対し、参加承諾率は5〜6％、当日参加率は参

加承諾者の70〜90％程度となっています。現在のところ、50名参加予定で無作為抽出数1000名というパターンが一番多いです。ただし、参加を承諾しても、当日に諸事情により不参加となる場合も多いです。そのため最終的な参加者は承諾者数より少なくなることがほとんどです。ですから、50名の参加承諾者では、実際の参加者は35から45名になるということです。

　またドイツのプラーヌンクスツェレのように、同日2グループを別会場で実施することも検討しても良いと思います。例えば、50名を25名ずつのグループに分け同1テーマで討議を行います。タイムテーブルを1時間ずらして別会場で開催し、情報提供者は1時間の時差を利用して次の会場に向かうようにします。そうすることで討議した結果を比較し、市民の意見集約の精度を上げる効果が期待できます。

　この方法については、篠藤の前著（『まちづくりと新しい市民参加―ドイツのプラーヌンクスツェレの手法―』）を参考にしてください。ただし、日本では、別会場で開催した事例は今のところありません。

**予算確定**　　　開催日の5ヶ月〜4ヶ月前

　事前に以下の諸点に配慮し、予算を明確化させます。
- 会場選定
- 説明会会場選定
- チラシ・ポスター等PR予算
- 参加依頼書発送費
- その他案内状発送費
- 運営会議資料作成費
- 参加者謝礼
- 参加者食事代（食事提供の場合）

・情報提供者謝礼
　　　・会場設営費
　　　・託児室費用／介助者等費用
　　　・当日配布資料予算
　　　・記録費
　　　・報告書作成費

　予算については、出来るだけ早めに内容と金額を決定しておきます。特に行政と市民団体との共催の場合はそれぞれが何に対して、幾ら分担するかを明確にしておく必要があります。文書等で取り決めを交わしておくとなお良いでしょう。開催規模や開催形式によって予算金額は変わりますが、過去の事例では50～300万円前後となっているようです。公共の施設を利用したり、ポスター等を行政の持つ設備で印刷するなどして経費を低く抑えるよう努力します。

**PR戦略**　　開催日の3ヶ月前～

　広報・広告・ホームページを通じてのPRは非常に重要です。特に参加依頼書を発送する前にPRをきちんと行うことによって返信率がだいぶ変わってきます。

　ポスター・チラシなどは親しみやすいものを作成します。運営会議の議事録をホームページに載せたり、プレスリリースをしてマスコミに働きかけるのも重要です。

　上記の他、自治体の広報誌は影響力があるため、参加依頼状送付直前に掲載すると効果的です。必ず先手を打って参加依頼に合わせて掲載されるよう働きかけることが大切です。機を逃してしまうと効果が薄いので注意して下さい。

　　　・自治体広報誌など公共情報手段の活用
　　　・記者会見

- ・チラシ配布
- ・ポスター掲示
- ・マスコミ活用
- ・回覧板の活用
- ・小学校などで配布
- ・フリーペーパー等の活用
- ・ホームページの活用
- ・自治体や青年会議所などのイベント事業等での宣伝

**コマの作りこみによるプログラム決定** 　開催日の2～3ヶ月前

　プログラムを作成する際には、そのテーマに関して、まず、実行委員会で理解する必要があります。その際、自治体職員が簡潔に分かり易く委員会内で説明することが大切です。

　次に、そのテーマに関して、地域にどのような課題や意見があるか調べます。具体的には以下のようなことが考えられます。

- ・過去に行政やマスコミが行ったアンケート調査の結果の分析
- ・現在進行中の問題についての自治体広報や新聞などの記事の収集
- ・市議会で議論されたことの調査
- ・市民グループ、市民会議等の議論の分析
- ・関係団体・組織への聞き取り調査

　これらの作業は大変ですから、実行委員会のメンバーで分担して、報告しあうといいでしょう。

　こうして集めた情報を実行委員会で共有しながら、プログラムにおける各コマの小テーマを作りこんでいきます。これは最も難しい作業の一つです。この作りこみで

本番当日の討議が活発に行われるかが左右されます。

　まずはコマの数を確認します。一般的には4から6コマです。最初のコマは本格討議のためのウォーミングアップの意味を兼ねて、話し合いやすく、とっつきやすい小テーマにすると、その後のコマの討議がスムーズに進むようです。二コマ以降の小テーマは開催のテーマに関わるものになります。コマの構成はリレーのように、前のコマの結論が次のコマの参考や討議の土台になるように構成することが望ましいです。

　抽象的なテーマや壮大なテーマについて少ないコマ数で話し合おうとすると、どうしてもコマ同士の小テーマの特性を際立たせることが出来ずに、どのコマにおいても似たような結論を導いてしまうことが良くあります。コマで話し合う内容は出来るだけ具体的にして、回数を重ねることにより自然と全体の構図が見えてくるものに作り上げることが理想です。このためには、テーマになっている課題の整理をして、実行委員会がきちんと課題の構造を理解して小テーマを決めておく必要があります。

　可能であればマーケティングやコンサルティングの際に使用する情報整理ツール（KJ法、ロジックツリー、ファンクショナルアプローチなど）を使うと良いと思います。実例としては2009年2月に国立市で行われた「南の風トーク」では、市内10ヶ所で開かれた市民説明会のデータをKJ法を使ってまとめ、構図化・図式化して市民の中にどんな意見があるかを浮き上がらせコマづくり・情報提供者選定に生かしたほか、当日資料として参加市民にも配布しました。

　テーマが意見抽出型（公聴・アンケートのようなテーマ内容）であるならば、聞きたいことをアンケートのよ

うに並べていくだけでも充分機能しますし、さほど難しいことはありません。ただ、課題判断型の場合は慎重なコマ作りが求められます。

　事前に模擬討議を実施し、開催する市民討議会のテーマにあっていて目的を達成するプログラムになっているかを確認し、小テーマを決定することも重要でしょう。

　テーマに関係する専門性を持った行政部署や関連団体、市民団体に協力してもらうのもいいでしょう。ただし、特定の方向に情報が流されたり、結果的に誘導されたりしないように慎重を期す必要があります。

**情報提供者選定**　　開催日の2〜3ヶ月前

　情報提供は討議に沿った内容で、事前に十分な打ち合わせが必要です。市民討議会の意義を理解して頂き「話し合いのヒント」となる内容を短時間で話していただけるように依頼します。特に、講演ではなく「話し合いの入り口」であることを了解して頂くことが必須です。その他、情報提供者が配布する資料の有無、スライドの使用の有無なども確認します。

　テーマについて異なった意見が社会にある場合、情報提供者の選定は慎重にする必要があります。情報提供では異なった意見を提供し、市民に議論のきっかけを与えることが大切です。

　自治体と共催する際によくある傾向として、行政の担当者に情報提供を依頼することがあります。専門家であり、地域の諸事情に詳しいということでの人選ですが、係争的テーマによっては不適切な人選となってしまうことがあるので注意が必要です。行政担当者が情報提供した場合に、中立的な立場しかとることが出来ないために、中途半端な情報提供になってしまいます。また、立

場上、「○○は問題がある」という内容の発言をすることが出来ないことが多く、課題点が明確にならないこともあります。さらに、開催テーマに関して意見を持つ団体等からは非難の的にもなりやすい上に、行政職員が実行委員会に入っている場合は「行政が市民の意見を誘導しようとしている」といった疑念さえ起こりかねません。このため、極力自治体職員以外の専門家や利害関係者（いわゆるステークホルダー）に情報提供を依頼した方がこのようなリスクを回避できる可能性が高いと思います。

その他、避けるべきこととしては
・特定の政党・会派だけによる情報提供（テーマに関することに関して意見を持っている政党・会派に平等に情報提供をしていただく必要があります）
・結果として特定の会社・個人の広報・宣伝になってしまう情報提供
・特定のステークホルダーのみによる情報提供（平等性を保つために、テーマに関するさまざまなステークホルダーに情報提供をしていただく必要があります）

### 無作為抽出　　開催日の2ヶ月前

住民基本台帳をもとに抽出を行います。無作為抽出とはその地域の人口分布を完全に再現することではなく、文字通り「無作為」に抽出することです。現在開催されている行政共催型の市民討議の半数は抽出時に地域分布や性別、年齢構成などを考慮し調整した抽出を行っていますが、その場合、抽出条件に十分注意しなければいけません。また、公開の原則に従い、抽出プロセスは正しく行われ、公表されるべきです。行政によって出力された情報が適切なものかは、実行委員会が行政に説明を求

め、了承する方法が一般的です。

　また、無作為抽出者の中にひそかに選定した人間を参加させようとした事例（実際は実施されず）もありますが、これは決してやってはいけないことです。判明した際には、市民討議会の信頼がいちじるしく損なわれるだけではなく、意図的・作為的な民意の操作・誘導になります。悪質な場合は関係者の責任問題にも発展するものと思われます。

　抽出名簿の管理は個人情報保護法のこともあるので行政で行うことが多いです。発送についてはさまざまあり、行政に任せることもあれば市民団体等が協働で行うこともあります。自治体と青年会議所・市民団体間とどのような協定があるのかによって対応が違います。行政と良く話し合って対応を検討していただきたいと思います。

**参加依頼書**　　開催日の2ヶ月前

　参加依頼書は、無作為に抽出された市民に市民討議会への参加を依頼するものですが、いかに封筒を開けてもらうかが勝負です。例えば、封筒表面を読むと中身がわかるようにする、封筒にメッセージを書くなど、工夫のしどころです。市民討議会の趣旨やテーマも記載し、極力分かりやすく平易な書き方をすることが肝要です。図や表や写真などを多用するのも良いでしょう。謝礼についてもきちんと書くことです。封筒は自治体の封筒を使うと信用度が高く、開封率が上がります。

　依頼書の中に同封するものは以下のものが考えられます。

　　・参加依頼を説明する書類
　　・チラシ

　　　　・参加承諾書（返信用）
　　　　・不参加者用アンケート（返信用）
　　　　・返信用封筒
　この際に、実行委員会事務局の電話番号やＥメールアドレスを掲載して、問い合わせに対してきちんと対応できるようにすることが大切です。そうすることで、参加の意志を固める市民も多いのです。また、参加・不参加を悩んでいる問い合わせがあった場合は、参加できないさまざまな理由をきちんと聞き出し、その障がいを取り除くあらゆる努力を惜しまないことも大切なことです。

**参加者に対する説明会**　　開催日の1ヶ月前

　参加を承諾した市民向けに事前説明会を開催することがあります。討議の流れを説明したり、疑問に答えたりするのが目的です。参加承諾の締切期日前に行うことも考えられます。ただし、実行委員会にとっても参加市民にとっても負担が大きいので、実行に当たっては注意を要します。事前説明会を開催しなくても、フォローの手紙を発送したりすることは大切です。こうしたことを熱心に行うことによって当日参加の出席率を上げることが出来ます。

**備品の手配と当日の役割分担**　　開催日の半月前

　開催のための下記の備品の購入や準備が必要です。
　　　　・運営マニュアルの作成
　　　　・討議ボード（模造紙）、付箋、マジックなど
　　　　・小グループ決定のくじ（または乱数表など）
　　　　・当日プログラム
　　　　・情報提供資料
　　　　・名札

・お弁当、ドリンク（必要に応じて）

・その他

　また、当日スケジュールの立案と役割分担、スタッフ配置を決めておかなければなりません。役割分担は以下のようなものが考えられます。

　　総括責任者・運営責任者・設営責任者・受付・案内（場外）・案内（場内）・講師接待・記録カメラ・全体司会・進行役・タイムキーパー・資料配布等補佐係　など

＊飲食の提供がある場合はその担当者
＊託児所設置の場合はその担当者

## ④ 当日の運営

**タイムテーブル**

　この章の冒頭に述べましたように、市民討議会にこれと言ったスタンダードな形式はありません。現在主流となっているのは三鷹方式と言われるもので、ここでは、それを参考にしたものを紹介します。あくまで一例であり、公平・公正・中立が守られる限りにおいて、これにこだわる必要はありません。

　まず、一日全体のタイムテーブルの例を示しておきます。参加者の会場へのアクセスや討議内容から開始時間・終了時間を決めます。また、参加者の年齢やハンディ・キャップの有無なども考慮に入れましょう。

**討議の進め方**

　次に最も良く使われる手順を例として示します。

## 1　全員で情報提供を受ける

- ・専門家・実践者からの話により、多角的な意見や現状のデータなど討議をスムーズにするための情報を提供します。
- ・当日資料を配ることもあります。ただし、情報の偏りと誘導の可能性が出るため、基本的に開催前に資料は配りません。開催前の情報の提供によって参加者間の情報量の差（読んできた人と読んできていない人の差）を作らないためです。
- ・過去には情報提供をビデオで行った例もあります。

### 1日目の例　午前10：00～午後6：00

| 時　　間 | 内　　容 | 備　　考 |
|---|---|---|
| 9：30 | 受付開始 | |
| 10：00 | 開　会　式<br>挨拶・趣旨説明・進め方の説明など | |
| 10：20 | 討議①　情報提供（20分） | |
| 10：40 | 討議①　開　始　（50分） | |
| 11：30 | 討議①　終　了　まとめと発表・投票（20分） | |
| 11：50～12：50 | 昼　休（60分） | |
| 12：50 | 討議②　情報提供（30分） | |
| 13：20 | 討議②　開　始　（50分） | |
| 14：10 | 討議②　終　了　まとめと発表・投票（20分） | |
| 14：10～14：20 | 昼　食・休　憩（60分） | |
| 14：20 | 討議③　情報提供（30分） | |
| 14：50 | 討議③　開　始　（50分） | |
| 15：40 | 討議③　終　了　まとめと発表・投票（20分） | |
| 16：00～16：10 | 休　憩（10分） | |

| 時　　間 | 内　　容 | 備　考 |
|---|---|---|
| 16：10 | 討議④　情報提供（30分） | |
| 16：40 | 討議④　開　始　（50分） | |
| 17：30 | 討議④　終　了　まとめと発表・投票（20分） | |
| 17：50 | 明日の説明 | |
| 18：00 | 閉　会 | |

## 2日目の例　午前10：00～午後5：00

| 時　　間 | 内　　容 | 備　考 |
|---|---|---|
| 9：30 | 受付開始 | |
| 10：00 | 開　会 | |
| 10：10 | 討議⑤　情報提供（30分） | |
| 10：40 | 討議⑤　開　始　（50分） | |
| 11：30 | 討議⑤　終　了　まとめと発表・投票（20分） | |
| 11：50～12：50 | 昼　食・休　憩（60分） | |
| 12：50 | 討議⑥　情報提供（30分） | |
| 13：40 | 討議⑥　開　始　（50分） | |
| 14：30 | 討議⑥　終　了　まとめと発表・投票（20分） | |
| 14：50～15：00 | 休　憩（10分） | |
| 15：10 | 討議⑦　情報提供（30分） | |
| 15：40 | 討議⑦　開　始　（50分） | |
| 16：30 | 討議⑦　終　了　まとめと発表・投票（20分） | |
| 16：30～16：40 | 休　憩（10分） | |
| 16：40 | アンケート　事務連絡・閉会式 | |
| 17：00 | 閉　会 | |

※同日で複数箇所開催をする場合は開催時間を1時間ずつずらし、情報提供者が移動できる手段と時間を確保してそれぞれの開催場所で情報提供をしていただく。

2  小グループで討議・発表

　小グループでの討議と発表は以下のように行います
1. テーマについて討議する
2. それぞれが自分の思う意見を付箋に書いて貼る
3. 話し合いをしながら付箋をグループに分け、意見をまとめる（「残したい意見」があれば残す）

話し合いの流れの目安（50分の場合）は次のようになります。

3分　自己紹介
↓
22分　テーマについて討議
↓
10分　付箋への書き出し・グループ分けと内容の検討
↓
5分　優先順位付け
↓
10分　提案内容の決定・書き出し
↓
1グループ3分発表
投票
※　休憩時間を利用して投票を行います

　この討議と発表の方法はあくまで最も良く使われている三鷹方式の例であり、必ずしもこの形にこだわる必要はありません。また、ここでは、KJ法を意見集約に使用していますが、これは日本独自の手法であり、もともとは04年、東京青年会議所内にて模擬討議会を行った

### 討議ボードの例

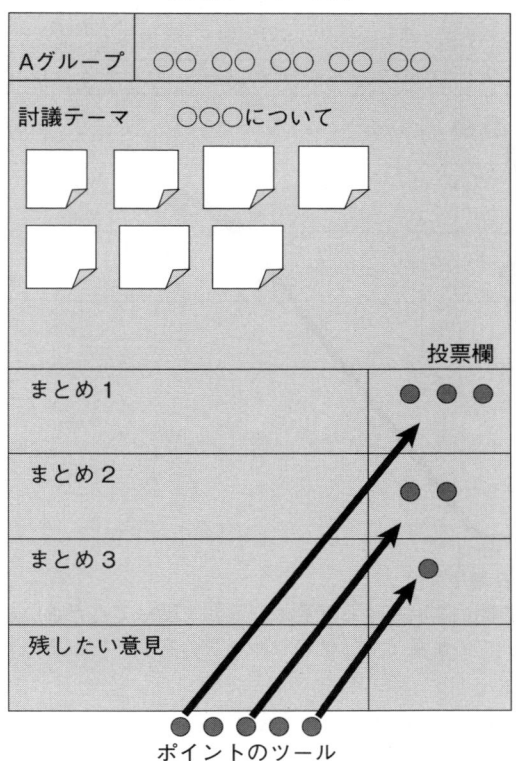

| Aグループ | ○○ ○○ ○○ ○○ ○○ |
|---|---|

討議テーマ　〇〇〇について

（付箋7枚）

|  | 投票欄 |
|---|---|
| まとめ1 | ●●● |
| まとめ2 | ●● |
| まとめ3 | ● |
| 残したい意見 |  |

ポイントのツール

際に私の提案によって行われたものです。決められた時間の中で意見を集約する方法として、討議に不慣れな日本人には的確な方法であると評価する意見があります。しかし、付箋に書き込む間に討議が止まる、KJ法に慣れている人ほど討議の主導権を握る可能性があるなど、課題点も指摘されています。どのような討議方法が良いか、実行委員会で検討して頂きたいと思います。

<u>3　各グループ発表・投票</u>
・各グループが順番に発表をする

投 票 用 紙

討議テーマ（1）

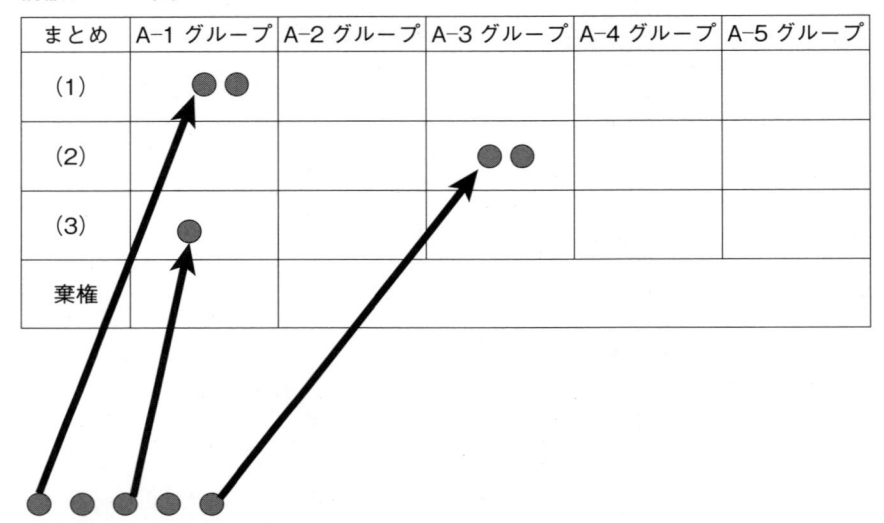

| まとめ | A-1 グループ | A-2 グループ | A-3 グループ | A-4 グループ | A-5 グループ |
|---|---|---|---|---|---|
| （1） | ●● | | | | |
| （2） | | | ●● | | |
| （3） | ● | | | | |
| 棄権 | | | | | |

※持ち票は1人5票です。
※グループ発表を聞いて共感する意見にシールを貼ってください。
※ご自分のグループの意見でも、他のグループの意見でもかまいません。

・その後、各人が同意する意見にシールを使用して投票をする
・シールについては全てを一つの意見に貼っても良いし、バラバラに貼っても構わない。他のグループの意見に貼っても良い。ただし、「残したい意見」には投票できない。

　発表は、出来るだけ同じ人が何度も行わないように配慮することが大切です。また、持ち時間を決めて話し合いの結果と要点のみを説明して頂くように工夫します。あまり発表時間をとりすぎてしまうと後のスケジュールに影響したり、話がうまい発表者の意見に投票が集中したりします。

投票の方式については公開投票が多いですが、秘密投票にしているところもあります。公開投票は運営としてはやりやすいですが、多くの票が入るところに票が集中する傾向があります。一方で、秘密投票は他者の投票動向に左右されないと言う点ではより正確な意見を反映するものと思われますが、運営が少々難しいという課題があります。実際に実施したところでは、投票数が人数を上回ったり下回ったりすることもあったようで、運営に苦労したと言うことです。

　なお、投票は必ずしも全てのコマの最後に行わなくてはいけないというわけではありません。実際に投票を行わずに話しだけで進めた事例も多数存在します。

　投票の扱いについてはその方法、その結果の取り扱いとも注意を要します。実行委員会での討議を繰り返す中で、最も良い方法を見つけ出してください。

### 4　グループ換え

　プラーヌンクスツェレと市民討議会の共通の特徴として約5人を1グループとしてコマごとに入れ替えるということがあります。これによりグループ内の癒着や説得的・指導的・権力的な人によるグループ誘導を避けることが出来ると言われています。メンバーの入れ替えはスムーズに、1グループの人数は5人に近づけるよう配慮します。

　5人グループで討議するメリットはいろいろとあります。これによって、意見を全く言わない人を極力作り出さずに、全員が討議に参加できることがその1つです。また、万が一非常に説得力のある人が強権的にグループをまとめ上げて、自分の意見のみを取り上げるよう説得に成功したとしても、あくまで全参加者のうち4人を説

得できたに過ぎないことや最終的な投票は各人の自由であることから、特定個人の影響力を最小限にとどめることができます。

なお、グループのメンバーチェンジについては、同じ人が続いて同じグループに入らず、出来るだけ満遍なくグループが組めるように配慮する必要があります。グループづくりについてはあらかじめ乱数表等を用意したり、グループの配置を決めておいたりすると当日の運営がスムーズになります。

### 5　当日しつらえの注意点

**お茶、お茶菓子、喫煙所などの設置**

長時間の討議でもストレスがたまらないように少しでもリラックスする環境を整えます。3時ごろにケーキと紅茶・コーヒーを出したり、お茶と和菓子を出した事例もあります。喫煙者のための喫煙所をもうけて案内をすることも大切です。その他、照明の具合や空調による温度と湿度の管理、マイク等を使用する際のボリュームの調整やプロジェクターを使用する際は全員に見えるかどうかの事前確認など、様々な面においてしつらえを万全にしましょう。事前に準備のためのチェックシートを作り、確認しながら準備を進めるのが良いでしょう。

**ハンディ・キャップのある方向けの対策**

託児所の設置や車椅子用の会場しつらえ、手話通訳の用意などを考慮することが必要になります。場合によっては外国語通訳の用意も必要です。また、これらの要望にきちんと対応できる準備を整えた上で参加の呼びかけを行うことが大切です。その他の障がいがある方に対しても、でき得る限りの努力をして参加していただけるよ

う設えることが大切です。また、障がいをお持ちの方に対する対応についてスタッフに徹底しておくと共に、他の参加者に対しても協力を呼びかける姿勢が大切です。詳細は専門の団体や行政の担当部署からアドバイスを仰ぐと良いでしょう。

### わかりやすい資料と説明

　説明資料を分かりやすく当日資料は図や写真の入った分かりやすいものにします。模擬のグループ討議の様子をビデオで撮り、解説を加えて討議の説明に使った例もあります。資料の量はあまり多いものは意味がありません。一つのコマにつきA4用紙で1から3枚程度が適当でしょう。当日はじっくりと読み込んで理解する時間がほとんど無いためです。

　市民討議会における討論の意義の1つは、一般市民が日ごろの生活者としての視点から、討議を行うことです。政策に通じている自治体職員や、討論のプロフェッショナルである議員のような専門性は期待されていません。その意味において、多量の資料を事前資料として参加者に配布する方法は本討議の趣旨に反することになります。焦点をきちんと絞った分かりやすい資料を当日に配布し、一般市民の目線で討論をしていただくことがもっとも大切です。

### 主役は「市民」であることを忘れずに

　当然のことながら市民討議会の主役は参加する市民です。忙しい時間を割いて参加する姿勢に対して深く敬意を払うと共に、一緒にこの討議会を良いものにして行こうという協働の意識を持ち、どうしたらリラックスした雰囲気の中で討議にご参加いただけるかというおもてな

しの心で迎え入れることが大切です。

# 5 報告書作成

　討議会の開催と同じく大切でかつ手間もかかるのが報告書の作成です。開催後2ヶ月から4ヶ月が必要になります。

　プラーヌンクスツェレでは委託を受けた実施機関が原案を作成し、参加者の中から選ばれた市民の承認を得て決定されます。報告書には、関わった全ての市民の実名が記載され、「我々の意見は以下のようである」という書き方になっています。多くの市民討議会の場合は、開催した実行委員会が主体となり「市民のみなさんの意見はこうでした」と言う形式で書かれています。

**中間報告会**

　討議結果の分析については慎重な中立性・公平性が必要とされ、実施報告書作成にあたり中間報告会を開催し、内容を参加者確認の上で完成させるケースもあります。ただし、中間報告会は、自分たちの討議した内容と掲載内容が同じであることや掲載の仕方や表の作り方の要望を聞くためのもので、討議結果を訂正したり、あらためてテーマに関する意見を述べたりする場ではありません。この点をよくよく考えて中間報告会を計画しないと思わぬ混乱が生じたり、紛糾することがあります。事前の準備と検討を慎重に行う必要があります。

　なお、中間報告会に参加できない方々には、中間報告書を郵送して、その内容につきFAXやEメールで意見を頂くという形できちんとしたフォローをした方がより

適切です。中間報告会を開催しない場合も、この方法は有効に機能するでしょう。

**報告書の作成**

　報告書は実行委員会が作成しますが、その構成は特に決まったものはありません。2006年三鷹市で実施されたものがベースとなっていることが多いです。実行委員会の活動も含めた報告書にして、実施のプロセスをきちんと明示することも必要です。

　討議結果の分析には、特に公平性・中立性を問われるので、慎重な検討が大切です。勝手な推測や思い込みを排除して、分析・分類しきれなかった場合はその旨を表記して手を触れない勇気も必要です。

　もっともオーソドックスな報告書の構成をここに示します。

1. 総論

　市民討議会の目的や位置づけ、市民討議会自体の解説（市民討議会とは何かについて）を記述します。実施の経緯や目的などについても記述します。

2. 討議の結果

　討議の結果を分かりやすい形で記述します。基本的には参加市民の方々が記述した討議ボードをそのまま、もしくはデジタルテキストに清書して記載します。投票の結果については見やすい形での表等にまとめて記載します。

　投票内容については似たような意見をまとめて集計表示すると討議結果の傾向がわかりやすくなります。しかしこの作業には細心の注意が必要です。市民意見に実行

委員会で手を加えるのですから、どのようにまとめたかを合理的に説明できるようにする必要があります。そして、まとめた結果について中間報告会などで市民の承認を得る必要があります。

　まとめ方についてはケースによって様々ですが、三鷹の例で言うと、コマの中で出た意見を実行委員会の中でそれぞれ2つの別グループで分析集計し、カテゴリー別に分類集計したものと意見の趣旨別に分類集計したものの二つに分けます。これを持ち寄って最終分析を行い、どのように分類すると合理的で分かりやすいまとめになるかを検討します。最終的には中間報告会で市民の承認を得ます。

### 3. 開催に関する自己検証・自己評価

　プログラム、運営、参加者（無作為抽出や出席率など）、広報、開催後の取組などについて、自己検証と自己評価を行います。今後の市民討議会開催において、後に続く人達の参考になるように丁寧に書くことが大切になります。

### 4. 今後の展望

　市民討議会の今後の展開について記述します。各自治体によって市民討議会の開催目的や継続の有無等は変わってくると思いますので、行政の担当部署を交えて実行委員会でよく話し合う必要があります。

### 5. 資料など

　参加要請書、ポスターや当日資料など、使用した全ての資料を掲載します。議事録や内部資料まで掲載する必要はたいていの場合無いことが多いと思いますが、次回

以降開催する人達にとって参考になる資料や、市民討議会の有効性や特徴が良く分かる資料、公平性や中立性を理解していただける資料については載せた方が良いものと思われます。

**報告書の発表、提出**

　報告書完成後は、何よりも先ず、参加市民やご協力いただいた関係者に対して礼状添付の上、速やかに発送することをお勧めします。また、たいていの場合は実行委員会が参加市民と共に、報告書を市長に提出するセレモニーを行うところが多いです。このセレモニーの際にきちんとプレスリリースを行い、マスコミや地域コミュニティーを通じて報告書を広く知らせることも大切なこととなります。その他、報告書をホームページでPDF形式にて無料配信している地域も多くあります。

# ❻ 市民討議会に関するQ＆A

### Q1 市民討議会にふさわしいテーマは？

　市民討議会のテーマは多様に考えられます。自治体のビジョンや政策構想の方向性から、ゴミ問題、図書館、子育てなど具体的課題について広く住民の意見を聞くこともできます。また、住民の間で異なった解決策が衝突している係争的課題についても行なえるでしょう。札幌市が行なったように、政策評価に使うことも可能です。災害時における高齢者、障がい者などの援護体制づくりなど、日頃見過ごされがちな問題を広く住民の視点で考えることもできます。「子どもの安心・安全」などの課題も、行政だけでは解決できないですから、市民討議会にふさわしいテーマといえるでしょう。

### Q2 市民討議会は議会軽視になりませんか？

　市民討議会は市民参加の一手段に過ぎず、法的な決定権限はありません。決定権限はあくまでも選挙で選ばれた首長と議会にあります。
　市民討議会で示される市民提言は、市民の意見が率直な形で表現されたものです。この市民の意見を立法行為や財政計画を通し具体化する重要な役目は、選挙で選ばれた代表者こそが担えるものです。
　また、現在の市民討議会のほとんどが首長の権限・発議により行われています。首長の監視機関である議会に

よって、市民討議会が公平・公正・中立に運営されているか、市民提言を執行機関が十分に尊重しているかなどをチェックしていただけると、市民にとって安心して参加でき、充実した市民参加の道が開かれるでしょう。

### Q3 実施機関の公平性・中立性はどのように保証されますか？

　完全な公平性・中立性を保証するものではありませんが、実施をする際に実行委員会を立ち上げる、もしくは責任と実績のある第三者機関に委託することによってこれを確保しやすくなります。

　実行委員会を立ち上げる際は、構成メンバーの内容（どこの所属のメンバーが何人入っているか）や運営の透明性が大切になってきます。たとえ実行委員会を立ち上げても、委員会の実権が行政にあったのでは「御用討議会」とみなされたり、さまざまな疑念が沸き起こる原因になります。開催事例で最もよく見られるのが、行政・青年会議所・公募市民や地域の市民団体、NPO団体関係者・学識経験者による混合です。

　第三者機関に委託する方法ですが、今のところほんの数例ではありますが、地域の青年会議所に委託をして開催・実施されたものがあります。

### Q4 どうしたら参加率を高められますか？

　大きく二段階にわかれます。

　1つは無作為抽出した市民に参加を呼びかける段階です。本文中にも書きましたが、参加の返答率に影響を及ぼす要素は以下の通りです。

・参加報酬としての謝礼金の額やプレゼントなど
・討議への参加しやすさとそのアピール度（日程・開催時間・各種フォロー体制の完備・開催場所への交通手段・弁当の有無など）
・参加への不安や疑念を払拭するしつらえ（広報・PR・ポスター・ちらし・ホームページ・質問受付センターの設置など）

次に参加承諾後の参加率に影響を及ぼす要素は以下の通りです。

・簡単で分かりやすい事前説明と段取りの説明
・開催日までにどれだけ開催者からのコンタクトがあるか
・参加への不安や疑念を払拭するしつらえ（事前説明会、事前相談ホットラインなど）

上記の事を考えて、参加率を高める努力を続けていただければと思います。

### Q5 市民討議会の適正な参加人数は？

社会の縮図として代表性をある程度担保するためには、100名以上の参加が必要と考えられています。ただ、これまでの事例を見ると、多様な参加者を集めるためには、できれば50名以上の参加が望ましいといえるでしょう。

### Q6 市民討議会の参加者は地域の代表といえるのでしょうか？

無作為抽出し、参加依頼書を送った方が地域の代表となります。参加意欲と条件の合致した人々の参加となり

ますので、参加率を向上させる課題が残っていると言えます。しかし、これまでの公募市民や特定市民団体等による参加者と市民討議会の参加者を比較すると、明らかに市民討議会には多様な市民が集まっています。また全国の事例を見ても、これまで行政が催す市民参加に参加しなかった住民が参加者の90％以上になっています。このことからも市民討議会の参加者は、多くのサイレントマジョリティを含み、社会的代表性は高いと言えます。

### Q7 なぜ謝礼を払わなければならないのですか？

　一般の市民の方に普段の生活を離れて、仕事として責任を持って討議をしてもらうためにお金をお支払いします。本来は報酬として、参加している市民の方々の収入に見合った額が支払われるべきなのかもしれませんが、現在のところお車代程度の謝礼額が支払われる例がほとんどです。

### Q8 無作為抽出された一般市民が行政の複雑な課題について討議できるのでしょうか？

　全国の事例で質の高い討議が行われることが立証されています。たとえば、家を作るときに素人の施主は設計者に自分の希望を伝え、設計自体は専門家である設計士が施主に代わって設計図を作成し、建築業者が家を建築します。これと同じように、何を望むかを住民が互いに話し合い意見を集約させ、その後、具体的立案は専門家である行政や議員が行えばいいのです。参加者が討議できるためのポイントは、テーマに基づく小テーマの設

定、プログラムの設計と情報提供の適切さです。


**最後に**

　ここでも紹介しましたように、現在、市民討議会はほんの数年の間に全国規模で広がり、その使われ方、開催形式・手法、開催団体などどれをとっても多くの種類と派生型が存在しています。今後開催されるたびにその種類は増えていくものと思いますが、開催をされるみなさんにぜひお願いしたいことがあります。

　ひとつは、ここに紹介した市民討議会だけでなく、出来るならば本家のプラーヌンクスツェレについても学び、調べていただきたいのです。こんな場合、プラーヌンクスツェレではどうしているのか。そしてその理由は何なのか。決して真似をしろといっているのではありません。原点としてのプラーヌンクスツェレに敬意を払い、ディーネル教授がこの手法を考案した精神を感じていただきたいのです。私にとって、プラーヌンクスツェレについて学ぶことは市民参加のあり方と民主主義の考え方を学ぶことでもありました。このたいへん奥の深い市民参加手法に触れることによって、みなさんも討議型民主主義のあり方について「感じて」いただきたいと思うのです。

　もうひとつは、様々な市民参加の手法について常に思いをめぐらせていただきたいのです。何もプラーヌンクスツェレや市民討議会だけが市民参加の手法ではありません。他にも活用できそうな手法があるかもしれません。また、これからより良いものが出てくるかもしれません。是非とも大きな視点で、みなさんの住む地域がどうしたらもっと住みよくなるのかを考えてみてくださ

い。

　なお、本章は私が青年会議所のメンバーであった時に作成した、2007年度（社）日本青年会議所関東地区東京ブロック協議会政治行政政策委員会「市民討議会開催マニュアル」およびこれを基に作られた2008年度（社）日本青年会議所関東地区東京ブロック協議会市民力創造委員会「市民討議会手引書」を主に参照して執筆しました。
　　　　　　　　　　　　　　　　　　　（小針憲一）

# 第4章　ディーネル博士のメッセージと解説

## ① 第2回市民討議会・見本市の開催によせて

ベルリン工科大学　社会・技術研究センター
事務局長（学術担当）ハンス・ルートガー・ディーネル

　こんにちは、敬愛する友人、プラーヌンクスツェレを推進されている方々、そして、参加者の皆様方。東京で開催されている市民討議会・見本市、日本プラーヌンクスツェレ研究会にご参加されている皆様に私は心からご挨拶申し上げます。特に私は、家族にとっての長年の友人である篠藤明徳教授にご挨拶申し上げます。

　私は見本市と研究会に参加し、プラーヌンクスツェレの将来について皆様と話すことを望んでいました。しかし、ベルリンの科学技術大臣に急遽同行し、明日インドに出発しなければならなくなりました。本当に残念です。そこで、私は、このメッセージを通して、皆様といくつかの点について意見交換したいと考えています。

### 討議デモクラシーの手法が一般化しなかった理由

　私の父、ペーター・ディーネルは、70年代にプラーヌンクスツェレを考案しました。同時期に、アメリカのネッド・クロスビー博士は市民陪審を作りました。市民陪審の場合、18名から24名の市民によって構成され、市民陪審はこれまでに30から40実施されていますが、ほとんどのプロジェクトの場合、1つか2つの市民陪審です。

　ヨーロッパ大陸では、これまで約60のプラーヌンクスツェレのプロジェクトが実施されてきました。一回のプロジェクトでは4から20のプラーヌンクスツェレが実施されます。従って、少なくとも数百のプラーヌンクスツェレが実施されてきました。ひとつのプラーヌンクスツェレは約25名によって構成されます。

　私の父、ペーター・ディーネルは78年に出版された「プラーヌンクスツェレ」(第1版)に雄大な計画を描いていました。そこで、父は、将来、連邦政府にプラーヌンクスツェレを実施する行政庁が創設され、すべての市民はその生涯の中で直接民主制の手法としてプラーヌンクスツェレに参加しなければならないようになるだろうと述べています。しかし、そのような一般的適用に向けて実施が進んでいないのは、なぜでしょうか。その理由をここでは考えたいと思います。

　普通、討議デモクラシーの手法を推進する人々は、一般化しないのは政治に責任があり、悪いからだと、外部に原因を求めます。政党や議会と行政など代表制民主主義は直接民主主義的手法を望まない、といわれます。また、それ故に実施費用が捻出されないことも理由に挙げられます。これは確かに部分的には正しいのでしょう。議会や行政は、私たちは選ばれた者だ、専門家だ、な

ぜ、直接民主主義的手法が要るのか、と主張します。しかし、もっと他の理由を探すべきです。それだけの理由ではないのです。

　ヘルムート・クラーゲス、シュパイヤー行政大学元学長は、討議的手法を推進する運動内部の理由を挙げています。つまり、推進する人々は、カウンター・カルチャーを持っているため、大衆的に使われることを好まないからであるといいます。プラーヌンクスツェレもそのひとつですが、小グループ中心の手法は多数の願いには対応していない、少数の文化である。それ故、成功しない、と彼はいいます。私はそうは思いません。幅広い形での小グループの体験もまた多くの市民の間で熱狂的反応を起こすからです。残念ながら、クラーゲス教授は経験的証明を示していません。

　しかし、教授の考えが全く間違っているわけでもないのです。ちょっと、新エネルギーについて考えてみましょう。様々な持続可能な代替エネルギーは、環境運動で長年主張されてきました。そして、今日一般的に使われるようになり、この10年間ブームとなっています。そして、今日、大企業が風力発電を行うようになりました。しかし、70年代から取り組んだ、代替エネルギーを主張した多くの推進者は、この現状に満足しなかったので、成長産業となった分野から去っていきました。彼らは小さな企業のこの古いカウンター文化の雰囲気をなくしたくなかったからです。討議デモクラシーの推進者の持つ文化、つまり、その社会へのアプローチの仕方やアカデミックでイデオロギー的な文化もこのような感じがあるのかもしれません。

　しかし、皆さんと考えたいことは、一般化を阻んできたことについて、それとは全く異なった、以下の3つの

原因です。
　①手法と取り扱う課題のミスマッチ
　②討議的手法は、あまりにも革新的、新手法として促進されてきたため、継続的に使用されることがなかった。
　③この手法の多くが地域レベルの課題について適用されてきた。しかし、今日最も大きな"民主主義の赤字"は、超国家的課題にある。

**課題と民主的手法の類型**

　討議デモクラシーの手法の分野で、社会的課題を解決するために、その推進者によって用いられる様々な手法があります。多くの推進者は、特定の手法にこだわり、全ての課題に適用しようとしてきました。しかし、それぞれの手法には長所と短所があるのです。討議デモクラシーの手法が普及しにくかった理由のひとつは、不適切な課題に手法が用いられてきたことです。プラーヌンクスツェレも例外ではありません。そこで、課題と手法の類型化とその適用に関する研究が重要になってきます。

　課題の類型は様々ありますが、ここでは、2つのタイプについて述べます。まず、解決策がオープンな課題と係争的課題です。オープンな課題は、ひとつの解決策が求められているのではなく、その課題について革新的、創造的意見を出すことが求められています。自由に思考出来るのです。そこでは新しいアイディアの余地を残すことです。そこではガイドラインを作ります。そして、こうしたテーマでもプラーヌンクスツェレはとても多く実施されてきましたが、他の手法と比べて特に優れているというのではありません。例えば、未来ワークショップでは、市民に創造的な余地を与えます。そこでは、

人々は熟慮し、また、空想を働かせ、新しい考えを見出します。プラーヌンクスツェレでは、いわゆる時間的制約があります。

それに対して係争的課題は、机の上に異なった解決策が示されているテーマです。そして、その中から解決策を決定しなければいけません。決定に際し、強いマイノリティに不満を与えるかもしれません。こうした課題については、他の手法が必要になります。こうしたテーマにはプラーヌンクスツェレは適しています。係争的課題をめぐる決定や提言を受け入れられることを促します。共同的に結ばれた決定を生むのです。私たちは、地方、国家、超国家レベルにおいて決定や解決を必要としている多くの問題がありますが、社会的受容を生み、このように共同的に結び付けられた決定に導く政治的手法を持っていません。プラーヌンクスツェレは、特に、紛争を明確化し両極化した解決策を克服するのに適した手法なのです。プラーヌンクスツェレは紛争的課題、例えば、政府支出に対する決定などに大きな可能性を持っています。それ故、プラーヌンクスツェレは、オープンな課題ではなく、もっと紛争的課題に適用されるべきですが、逆に、都市や地域の将来構想の発展などオープンなテーマに用いられてきました。理由は簡単です。政治システムは、係争的課題を討議的手法に委ねる用意と訓練がないからです。

もし、私たちがもっと係争的課題に多くプラーヌンクスツェレを実施していたとすれば、もっと成功していたかもしれません。今日、もっと広範に実施されていたでしょう。ここで、最初の議論が現れます。つまり、政治の側は私たちにオープンな課題だけを与えたということです。私はこれを"日曜日の午後のテーマ"と呼びま

す。ガイドラインづくりは、危険性の少ない課題です。そもそも係争的テーマは、直接民主主義的手法には荷が重過ぎると考えるのです。とても残念です。しかし、私達プラーヌンクスツェレ推進者は、もっと努力すべきでしょう。プラーヌンクスツェレのためにこのテーマになんとか取り組むことです。

### 標準化を邪魔する、手法の新規さのアピール

　なによりもヨーロッパにおけるプラーヌンクスツェレは、多くの場合、革新的なものとして売られてきました。プラーヌンクスツェレを売ろうとすると、ここではそのように言ってきたのです。政治の側にプラーヌンクスツェレを実施するよう説得したり、提案するときです。"これは全く新しいもの"という議論です。私はこうした議論は危険であると思っています。というのは、こうした言い方をしては、次のものがありません。2番目、3番目はないのです。新しいものはすぐ消耗されます。それ故、ヨーロッパではプラーヌンクスツェレは多くの場合同一場所ではただ1度だけの実施です。同一自治体、州、地域で2度目はないのです。"全く新しいものを試してみよう"という議論では、2度目は全く議論になりません。私は、プラーヌンクスツェレのこうした売り方を第1番目にすべきではないと思います。"これは革新的なもの、全く新しいものになります"いいえ！これは標準的なものになってきたのです。数十年も実施された手法です。継続的に実施されるべきものです。とても簡単に何度も実施できるものです。革新的なものではありません。

### 討議デモクラシーの実施範囲

　これまでプラーヌンクスツェレは、主に地域の課題に用いられてきました。しかし、民主主義の赤字や共同的に結び付けられた決定の欠落は、地域レベルの課題から国家・超国家レベルの課題へ移行しています。国家を越えた環境問題が良い例です。世界は、共同的に結ばれた決定を導く手法を緊急に望んでいます。しかし、こうした超国家レベルの課題に対する直接民主主義の手法こそが見当たらないのです。しかし、プラーヌンクスツェレはこのレベルに非常に適しています。この討議手法の将来的成長の分野です。

　考案され30年が過ぎ、ようやく2年前に、超国家的課題に提言するためプラーヌンクスツェレが実施されました。大分時間がかかりましたが、「ヨーロッパ連合の将来」という大きなテーマでスタートしました。2008年初めにその市民答申が出版されましたが、均衡の取れた多くの提言を出し、ヨーロッパ市民は超国家レベルの課題も決定できることを示しています。このプロジェクトは、ヨーロッパ連合、とりわけ、EU委員会副委員長であるマルゴット・ヴァルストレーム女史のイニシアティブで実施された"ヨーロッパ市民への諮問"の一部として行なわれたものでした。これは、EUの諸機関がヨーロッパ市民にもっと近づこうという新しい関心を示したものです。少なくとも、05年にフランスとオランダ国民によってEU憲法が否決されてから、EU議会はじめEU諸機関は、ヨーロッパ市民を政治過程に統合し、市民の意見を効果的に明らかにする民主主義的手法を探しています。女史は討議的手法を評価し、超国家課題に適用されることを支持しています。プラーヌンクスツェレはこうした発展に寄与できるものです。

国家を越えた課題は、単に絶対的解決策がないだけではなく、共同決定に導く民主主義的手法もありません。例えば環境問題は、国連やG8だけでは解決しません。この意味で、EUレベルに採用されたプラーヌンクスツェレによる市民答申は、単に、ヨーロッパの将来に関わるものではなく、民主主義の将来を形づくる可能性があると思います。

### プラーヌンクスツェレの標準化と一般的適応

　ここヨーロッパ諸国では、イギリスは別にして、プラーヌンクスツェレを支援するネットワークは存在しませんでした。プラーヌンクスツェレ・市民陪審が多数実施された国は2つだけです。実験的プロジェクトではなく、多くの実施数を持つ国はイギリスとここ最近の日本です。この2つの国では何が異なっていたのでしょうか。

　イギリスでは、労働党政権下の10年間、なにより当時の首相トニー・ブレアがコンパクト型プラーヌンクスツェレ（イギリス型市民陪審）を実施しました。労働党が主張した保健政策改革を推進するためです。係争的テーマである保健政策の転換、プラーヌンクスツェレを通して幅広い受容のために、合計で数百のコンパクト型プラーヌンクスツェレ、たいていは、1、2日間のモデルを実施しました。特筆すべきことは、彼らはある広告代理店（Opinion Leader Research）にプラーヌンクスツェレの実施を委託したことです。トニー・ブレアと現在のゴールドン・ブラウン首相は、イギリス型市民陪審の大きな支持者で彼らの政策が社会に受け入れられるために使いました。こうした支持は一面喜ぶべきものですが、他方は危険性を持っています。市民陪審について、

サレイ大学のトム・ウエイクフォード（Tom Wakeford、University of Surrey、2002）が言うように、十分な独立性を担保していないという批判を時には呼んでいます。彼は、市民陪審の将来にとって、公平、中立、代表性、透明性を担保する質の管理が重要であると述べています。

　イギリスにおける"受容調達者"だとの真っ当な批判について、私の父は逆にそのことを褒め言葉と考えていました。というのは、今日の民主主義において"受容"を作り出すことはとても難しいからです。私達西側民主主義では、システムに対する非常に大きな不信があります。そこで、社会的受容を作り出すことは珍しいことです。ですから、受容は良いことにとても近いものです。そしてイギリスにおけるプラーヌンクスツェレでは新しい保健政策は社会的受容を生み出したのです。これは、基本的にトップダウンの実施でした。つまり、政治がこの手法を選んだのです。当然起こった強力なロビーの利益に抗して、この厳しい決定を市民とともにやり遂げるために。

　ところで、イギリスの成功は、フランスの大統領選挙戦で同様の手法を強調したロワイヤル女史のモデルでした。しかし、彼女は大統領に選ばれなかったのですが。このイギリスの成功は、私が討議デモクラシーの手法を一般化するために挙げた必要な3つの理由のうち、以下の2つを満たしたものです。

①討議的手法は、紛争的課題を協議することに使われた。英国政府は、新しい保健政策が受容されるための方法を探し、市民陪審は英国社会にまさにこれを与えた。

②次に、この手法は、2人の考案者（ディーネル教授と

クロスビー博士）の直接の影響を受けずプラグマティックな方法で実施された。これは、もはやパイロット・プロジェクトではなく、特定の政治的課題を解決するための方法として標準化された適用であった。

## 日本における「市民討議会」の意義

　2006年以降数多く実施されている日本は別のケースです。ここでの成功物語は全く異なっています。日本では、日本青年会議所という約4万人の会員をもつ強力な公益法人がボトムアップの形で市民討議会を実施していると聞いています。青年会議所は、日本全国にその組織を持っているそうですね。メンバーの多くは、若い事業者やビジネスマンなどで、左翼のカウンター・カルチャーとは無縁のようです。ここでは、直接的討議デモクラシーの手法について、効率性を志向する、保守的、ビジネス的文化として中心的にフォーカスされているのかもしれません。こうした新しい文化的社会的枠組みは明らかに自治体首長を動かし、大陸ヨーロッパ以上に多くの実施を促しているのでしょう。日本の成功は、イギリスのものと異なった根拠、理由があります。しかし、両国の成功の物語は、直接的討議デモクラシーの手法のダイナミックさやパワーを私たちの時代に証明していますし、また、将来においても証明することを期待するところです。

　私たちは日本で皆様方が起こしている事に大変関心を持っています。現在、皆様方の下でプラーヌンクスツェレというものに何がおこっているのかを、熱意と関心を持って見ています。
　第2回市民討議会・見本市と第8回日本プラーヌンク

スツェレ研究会のご盛会を祈念しています。プラーヌンクスツェレの実施に向けた戦略についての話し合いがこれからさらに前進できることを期待しています。皆様方の活動に多くのご成功とご幸運を祈っています。近いうちに必ずお会いしましょう。

(抄訳、文責篠藤)

## 2 解説

### メッセージの背景

　ディーネル博士は、プラーヌンクスツェレを考案したディーネル教授の次男で、現在、ベルリン工科大学社会・技術研究センターの学術担当事務局長を務めています。また、同時に、学際的研究とその社会協働促進を目的とするネクス（NEXUS）の運営責任者も兼任し多忙を極めています。ディーネル教授の存命中、プラーヌンクスツェレの実施は、教授が所長を務めていたヴパタール大学市民参加・計画手法研究所や教授が設立したシティコン（CitCon）が多く手がけてきました。また、ミュンヘンの市民答申協会はバイエルン州を中心に、ネクスはベルリンを中心としてプラーヌンクスツェレを実施しています。現在、ディーネル教授の全ての資料はベルリンに移され、博士を中心としたベルリンの機関がプラーヌンクスツェレの中心的役割を担っています。

　上記のメッセージは、今年2月13日に東京で開催された第2回市民討議会・見本市と第8回日本プラーヌンクスツェレ研究会に寄せられたものですが、この企画自体、ディーネル博士の来日にあわせて計画されたものでした。昨年11月ベルリンで開催されたプラーヌンクス

ツェレに関する国際会議に私は招待され、そこで日本で急速に実施されてきた「市民討議会」について報告を行ないました。市民討議会の展開に関する途中の経過は、ドイツの関係者にも連絡してきましたが、まとめた形での報告は、参加者に大きな印象を与えました。そこで、ディーネル博士の来日が決まり、それに合わせ、昨年実施した見本市の第2回とディーネル博士の基調講演を中心に第8回研究会を企画しました。しかし、博士も述べていますように、インド訪問が来日直前に決まり、ビデオメッセージとなったのです。

**一般化するための留意点**

ここでは、メッセージの内容について簡単にコメントしたいと思います。メッセージの要点は明らかで、プラーヌンクスツェレなど討議デモクラシーの手法と呼ばれるものが、今日大きく注目されてきていますが、多くの手法は、比較的長い歴史を持つにもかかわらず、なぜ一般化しなかったのか、その理由は、手法を推進していた側にもあるのではないか、という点です。博士は、その理由として、①課題と手法のミスマッチ、②手法の新規さが強調されすぎたこと、③超国家的問題に適用されなかったことを挙げています。こうした視点を博士が強調するのは、明らかに、討議的手法が今日一般化されるべき時代になった、そのために、推進者自体がその姿勢を転換する必要があるという確信があるからです。その意味で、数多く実施されているイギリスと日本に注目し、ボトムアップ型の日本に敢えて、"学ぶべき" と言っています。プラーヌンクスツェレの考案者であった父親のディーネル教授の時代と異なった、第2世代の登場と言うべきかも知れません。プラーヌンクスツェレ推進者ネ

ットワークの世界的構築やベルリンにおける国際会議開催や中国、インドも視野に入れた同博士の活動は、創生の時代を経て社会変革のツールとして一般化する時代を担おうとする使命を感じてのことでしょう。

**課題解決型の手法としてのプラーヌンクスツェレ**

　課題と手法のマッチングでは、博士は、プラーヌンクスツェレは係争的課題により適していると述べています。つまり、いろいろの立場から多様な解決策が出され、それらが全く相容れず紛糾化している課題です。それ故、係争的課題は社会的には良く知られていますが、ただ単純に多数決で決定したからと言って問題は解決しません。こうした課題にプラーヌンクスツェレは適しているといいます。この考え方は、第1回市民討議会・見本市で、総務省の山内健生氏が述べた視点と似ているように思われます。同氏は、プラーヌンクスツェレに相応しいテーマとして、社会的に良く知られていること、様々な解決策が上がっていること、その意味で、政策決定過程の7合目か8合目に位置していること、ただ、最終決定は法的権限の持つ機関（議会や首長など）に委ねられていることなどをあげています。

　後藤潤平氏は、プラーヌンクスツェレのタイプについて、取り上げるテーマに注目し意見表出型と課題判断型に分類しましたが、ディーネル博士は、課題判断型がプラーヌンクスツェレの手法には相応しいと述べています。ただ、同時に、プラーヌンクスツェレのこれまで多くの実施例は意見表出型であり、その理由は、既成の民主主義のシステム（議会と行政など）が、こうした紛争的課題に対し実施するのを躊躇しているため、とも述べています。

第1章、第2章で論じましたように、市民討議会はコンパクト版であり、意見表出型に簡単に使え、今日の実施例のほとんどがそれです。ただ、三鷹市の事例が示すように、市民討議会に対する信頼が増していけば、課題判断型も増えてくることが期待されます。

### 新規さのアピールの弊害
　次に、博士は、討議デモクラシーの手法を"売る"ために、その革新性を強調するあまり、一回限りの実施が多いことを指摘しています。バイエルン州やベルリン、レンゲリッヒの事例などを除き、プラーヌンクスツェレも同一場所で1度の実施が多いのです。フィシュキン教授が推進する討議型世論調査も同様の傾向があります。確かに、"この手法は革新的で全く新しい"というセールス・トークは、採用する側からすると、"革新的なものに挑戦する政治家"をアピールする上で魅力的かもしれません。こうした手法の実施が法的に義務付けられていないとすれば、わざわざ実施する必要はないのです。ただ、それ以上に問題なのは、コストでしょう。市民討議会のコストは、考えられないほど安いのです。これは、各地における青年会議所のメンバーの献身に負うことが大きいのです。どちらにせよ、第2章で指摘しましたように、日本の市民討議会は同一自治体で繰り返し実施され始めています。こうした傾向は、地域の政治文化を変えていく上で、大変重要になると思われます。

### 中立性、独立性、専門性の担保
　さて、博士はイギリスでの市民陪審に対する批判として、公平、中立、代表性、透明性を担保する質のコントロールが重要であるという考えを紹介しています。"上

からの一般化"が、"受容の調達者"と言う批判を生んだのです。ディーネル教授の肯定的考えも博士は紹介していますが、その前提として多元化した社会が進んだ欧米諸国の状況をまず理解しなければならないと思います。日本の状況では、"権力による受容の調達"の可能性が生じるとすれば、大変危険なことになります。自治体レベルでは、首長の人気取りの道具になる場合も考えられます。そのため、既に述べたように、日本では、日本プラーヌンクスツェレ研究会、市民討議会推進ネットワーク、市民討議会・見本市の3つの柱を立て、その公正、中立、独立、専門性を担保するように工夫をしています。

　また、イギリスと日本の展開が、考案者から直接影響を受けず自由にプラグマティックに行なわれてきた点を上げています。この視点も、逆に言えば、博士は、頑固なまで原則を重視したディーネル教授のあまりに近くにいたためである、ということを私たちは忘れてはならないでしょう。ただ、他の討議手法との連携や比較検討は、考案者の時代から一般化の時代に移行している私たちの責務であり、また、私たちであるからこそできる分野であるという指摘は、非常にポジティブなメッセージです。ですから、日本での展開は、日本を変えていくだけでなく、世界の動きと連動することでグローバル社会の進展にも寄与するものです。

　上記の3本柱は、また、世界のプラーヌンクスツェレ推進者ネットワークと連携し、討議デモクラシー研究所（スタンフォード大学）などとの情報交換も視野に入れつつ、その使命を果たす必要があります。

(篠藤明徳)

# おわりに

　日本の政治状況は、地方分権・地域主権型への転換など大きな過渡期を迎えています。青年会議所では、これまで立候補予定者の公開討論会やマニフェストの検証など、政治的に中立な立場から代表制民主主義の活性化のために努力してきました。こうした努力の積み重ねが、この過渡期を作った要因のひとつであったと思います。しかし、同時に「観客民主主義」「劇場型政治」の進展など、市民と政治を直接結びつけるチャンネルがますます必要になってきています。市民討議会は、その具体的ツールとして開発されてきたものです。

　日本でのこの取り組みの広がりは特徴的で、第4章で述べられているように欧米諸国で取り組まれてきた手法の推進形態と違い、市民運動としてボトムアップ的に展開されている事です。また、今後継続的に行われるためには、市民討議の本来的意義をしっかり考えながら、課題の判断や解決なども含む多様なテーマに取り組み、また、市民の声でまちが変わることが実感できることが必要です。

　これらの実現のためには、この運動をよりいっそう全国に広げ、その有効性を各地で立証していく事が重要と考えています。

　本書で何度も触れましたように、市民討議会は、プラーヌンクスツェレに学びながら、日本の自治体レベルにおいて実践の中で開発されてきたものです。本書は、市民討議会を理解する入門編として書かれています。その

ため、実践の概要、その意義、実施方法の枠組みを示しています。しかし行政との共催ではいろいろな要素があり、信頼関係を損なう事から本書で紹介できないことも多く存在し、執筆には苦慮しました。ただ幸いなことに、各地で実践されている市民討議会は、しっかりとした報告書を公開しています。そのいくつかを読まれれば、具体的なことがもっと学べるでしょう。

また、市民討議会を既に実践して来た人々が、市民討議会推進ネットワークに参加し、多くの経験に基づき多様で具体的な質問に応えています。本書を読み、さらに学びたい読者は是非、市民討議会推進ネットワークに参加して下さい。市民討議会推進ネットワークはこの手法の普及を目的に運営されています。実施経験者や今後実施したい人々、そして多くの学識者が集っている団体であり、一定の要件を満たせばどなたでも会員になる事が出来ます。

そして、調査・研究を行い討議デモクラシーの発展に寄与する目的の日本プラーヌンクスツェレ研究会へ参加することも出来ます。また、両者の共催で全国の事例を発表する「市民討議会・見本市」を開き、市民討議会に関心を持つ人々の情報の共有化にも取り組んでいます。

皆さんと共にこの運動の輪をさらに広げ、子育て世代の親として次世代のためにも目指すべき社会の実現に是非近づけて行きたいと願っています。

なお、本書は3人の共同執筆で行なわれました。従って個々の重点の置き方は当然ながら異なっていますので、文責は各個人が負っています。

最後になりますが、この本を発行するにあたり、ドイツより寄稿していただいたディーネル博士と出版を快く引き受けていただいたイマジン出版の片岡幸三社長と青

木菜知子氏、そして、市民討議会を推進する多くの仲間にご協力いただきましたことを心からお礼申し上げます。

市民討議会推進ネットワーク
代表　吉田純夫

● **市民討議会推進ネットワークと連絡先**

市民討議会推進ネットワーク（代表　吉田純夫）
〒164-0001
　東京都中野区中野2-4-21-304
　アックインテリジェンス内
　　メールアドレス：info@cdpn.jp
　　ホームページ：http://www.cdpn.jp/

● **日本プラーヌンクスツェレ研究会と連絡先**

日本プラーヌンクスツェレ研究会（代表　篠藤明徳）
〒874-8501
　大分県別府市北石垣82　別府大学文学部　篠藤研究室
　　メールアドレス　shinoto@mc.beppu-u.ac.jp
　　ホームページ　http//www.shinoto.de/pz-japan/

## 参考文献

井出弘子「無作為抽出市民による討議に関する質問票調査―日本における討議民主主義の実証研究―」、日本政治学会発表、2008年

伊藤久雄・深田祐子「市民意見反映の仕組みと課題～公募型・無作為抽出型委員会等の比較から～」季刊まちぽっと003号所収（P16～P18）、NPOまちぽっと、2008年秋

江藤俊昭「自治を担う議会改革―住民と歩む協働型議会の実現―」、イマジン出版、2006年2月

大住荘四郎「ニュー・パブリック・マネジメント　理念・ビジョン・戦略」、日本評論社、1999年12月

樺島秀吉「『声なき声』を吸い上げ、まちづくりに反映―『市民討議方式』で市民参加の道を広げる（東京都三鷹市）」、ガバナンス2月号所収（P92～P94）、ぎょうせい、2009年2月

基本計画に向けたまちづくりディスカッション実行委員会「みたかまちづくりディスカッション実施報告書」、2007年

小金井青年会議所「2009年度小金井青年会議所第639回例会市民討議会シンポジウム～市民討議会の活用と今後の展望～資料より」、2009年

国土交通省関東地方整備局・東京都都市整備局「東京外かく環状道路（関越道～東名高速間）対応の方針」、2008年

国土交通省中央ジャンクション三鷹地区検討会運営事務局「東京外かく環状道路中央ジャンクション三鷹地区検討会実施報告書」、2008年

コミュニティ2008～市民討議会inさかい～実行委員会

「コミュニティ2008〜市民討議会inさかい提言書」、2008年

篠藤明徳「まちづくりと新しい市民参加—ドイツのプラーヌンクスツェレの手法—」、イマジン出版、2006年11月

篠藤明徳「新しい市民参加と討議デモクラシーの連関」、「地域社会研究13号」所収（P12〜P17）、別府大学地域社会研究センター、2006年12月

篠藤明徳「ドイツの市民参加の方法『プラーヌンクスツェレ』と日本での展開—ドイツ・メッケンハイム市の事例との本の『市民討議会』」、「格差社会と地方自治」（日本地方自治学会編）所収（P117〜145）、敬文堂、2007年11月

篠藤明徳「日本プラーヌンクスツェレ研究会と拡がる『市民討議会』」、「地域社会研究15号」所収（P1〜P5）、別府大学地域社会研究センター、2008年10月

篠藤明徳「プラーヌンクスツェレに関するベルリン国際会議の報告」、「地域社会研究第16号」所収（P1〜P10）、別府大学地域社会研究センター、2009年3月

篠原一「市民の政治学—討議デモクラシーとは何か—」、岩波書店、2004年1月

鈴木和隆「新潟市における住民自治活性化のための行政のあり方に関する研究〜『プラーヌンクスツェレ』方式による住民参加の推進〜」、政策大学院大学修士論文、08年3月

とちぎ市民討議会2008実行委員会「YOU・YOU・VOICE〜あなたの声で〜「とちぎ市民討議会2008」報告書」、2008年

渡真利紘一「市民自治を強化する視点からみた市民討議会の活用に関する研究—参加者アンケート及び多摩市

のケーススタディから—」、法政大学大学院人間社会研究科福祉社会専攻修士論文、2009年3月

広瀬幸雄他「ドイツにおける公共政策への市民参加の手続き的公正さについて—レンゲリッヒ市とバイエルン州におけるプラーヌンクスツェレの社会調査研究—」（環境心理研究9）、2009年3月

深田祐子「地域市民が広く参加し討議で深める　新しい市民参加手法"市民討議会"」、季刊まちぽっと003号所収（P1～P6）、NPOまちぽっと、2008年秋

深田祐子・渡真利紘一「運営や参加者に違いが生まれる　広がる市民討議会～千代田・多摩・三鷹～」、季刊まちぽっと003号所収（P7～P15）、NPOまちぽっと、2008年秋

分権型社会に対応した地方行政組織運営の刷新に関する研究会「分権型社会における自治体経営の新戦略—新しい公共空間の形成を目指して—」、総務省HP、2005年3月

三鷹青年会議所／みたかまちづくりディスかション2006実行委員会「みたかまちづくりディスカッション2006実施報告書」、2006年

三鷹市「東京外かく環状道路（関越道～東名高速間）対応の方針（素案）に係る三鷹市の要望書」、2007年

（社）日本青年会議所関東地区協議会8ブロックネットワーク会議「Summer Conference 2007 市民討議会勉強会マニュアル」、2007年

（社）日本青年会議所関東地区東京ブロック協議会政治行政政策委員会「市民討議会開催マニュアル」、2007年

（社）日本青年会議所関東地区東京ブロック協議会市民力創造委員会「市民討議会手引書」、2008年

Gehard Banner "Buergerbeteiligung und Kommunalverwaltung" in "Die Befreiung der Politik" Peter C. Dienel (Hrsg.) VS Verlag Fuer Sozialwissenschaften、2005年8月

## ●著者紹介

### 篠藤明徳（しのとうあきのり）

1954年大分県別府市生まれ。

東京大学文学部西洋史学科卒業。

ドイツ・ケルン大学、ボン大学で歴史学、政治学専攻。

プラーヌンクスツェレの考案者ペーターC・ディーネル教授に直接師事する。

現在、別府大学文学部人間関係学科教授、別府大学地域社会研究センター所長。また、日本プラーヌンクスツェレ研究会代表を務める。

### 吉田純夫（よしだすみお）

2006年、三鷹青年会議所に所属していた時、日本初の行政共催型「市民討議会」の実行委員長を務める。

2007年、（社）日本青年会議所関東地区協議会副会長（政策担当）として、「市民討議会」を全国に広げる。

現在、（株）プロネットサービス代表取締役のかたわら、市民討議会推進ネットワーク代表、特定非営利法人みたか市民協働ネットワーク理事を務める。

### 小針憲一（こばりけんいち）

1967年東京都新宿区生まれ。

早稲田大学法学部卒業後、社員研修、IT・経営コンサルタントを務め、現在、アックインテリジェンスの代表。

東京青年会議所に所属していた時、プラーヌンクスツェレにいち早く着目し、「市民討議会」の創設に関わる。

現在、市民討議会推進ネットワークと日本プラーヌンクスツェレ研究会の事務局長を兼務、全国で講演や実施支援を行なっている。

## コパ・ブックス発刊にあたって

　いま、どれだけの日本人が良識をもっているのであろうか。日本の国の運営に責任のある政治家の世界をみると、新聞などでは、しばしば良識のかけらもないような政治家の行動が報道されている。こうした政治家が選挙で確実に落選するというのであれば、まだしも救いはある。しかし、むしろ、このような政治家こそ選挙に強いというのが現実のようである。要するに、有権者である国民も良識をもっているとは言い難い。

　行政の世界をみても、真面目に仕事に従事している行政マンが多いとしても、そのほとんどはマニュアル通りに仕事をしているだけなのではないかと感じられる。何のために仕事をしているのか、誰のためなのか、その仕事が税金をつかってする必要があるのか、もっと別の方法で合理的にできないのか、等々を考え、仕事の仕方を改良しながら仕事をしている行政マンはほとんどいないのではなかろうか。これでは、とても良識をもっているとはいえまい。

　行政の顧客である国民も、何か困った事態が発生すると、行政にその責任を押しつけ解決を迫る傾向が強い。たとえば、洪水多発地域だと分かっている場所に家を建てても、現実に水がつけば、行政の怠慢ということで救済を訴えるのが普通である。これで、良識があるといえるのであろうか。

　この結果、行政は国民の生活全般に干渉しなければならなくなり、そのために法外な借財を抱えるようになっているが、国民は、国や地方自治体がどれだけ借財を重ねても全くといってよいほど無頓着である。政治家や行政マンもこうした国民に注意を喚起するという行動はほとんどしていない。これでは、日本の将来はないというべきである。

　日本が健全な国に立ち返るためには、政治家や行政マンが、さらには、国民が良識ある行動をしなければならない。良識ある行動、すなわち、優れた見識のもとに健全な判断をしていくことが必要である。良識を身につけるためには、状況に応じて理性ある討論をし、お互いに理性で納得していくことが基本となろう。

　自治体議会政策学会はこのような認識のもとに、理性ある討論の素材を提供しようと考え、今回、コパ・ブックスのシリーズを刊行することにした。COPAとは自治体議会政策学会の英略称である。

　良識を涵養するにあたって、このコパ・ブックスを役立ててもらえれば幸いである。

自治体議会政策学会　会長　竹下　譲

**COPABOOKS**
自治体議会政策学会叢書

# 自治を拓く市民討議会
―広がる参画・事例と方法―

| 発行日 | 2009年8月25日 |
|---|---|
| 2刷 | 2010年8月3日 |
| 著　者 | 篠藤明徳 |
| | 吉田純夫 |
| | 小針憲一 |
| 監　修 | 自治体議会政策学会Ⓒ |
| 発行人 | 片岡幸三 |
| 印刷所 | 株式会社シナノ |
| 発行所 | イマジン出版株式会社 |

〒112-0013　東京都文京区音羽1-5-8
電話 03-3942-2520　FAX 03-3942-2623
http://www.imagine-j.co.jp/

ISBN978-4-87299-521-3　C2031　￥1000E
落丁・乱丁の場合は小社にてお取替いたします。